モモコの
楽しいタロット教室
〔入門編〕

かわいももこ
河合桃寿

今日の話題社

タロットカード（ライダー／ウェイト版）の絵柄一覧

大アルカナ（22枚）

タロットカードのデッキには、大きく分けて「大アルカナ」「小アルカナ」と呼ばれるカードの種類があります。全部のカードを使うこともありますし、大アルカナだけを使うこともあります。ここでは大アルカナ（0～21）を並べてみます。意味を覚えようとするより、まずはカードを感じて親しむことから始めていただきたいと思います。

WHEEL of FORTUNE.

JUSTICE.

THE HANGED MAN.

DEATH.

TEMPERANCE.

THE DEVIL.

THE TOWER.

THE STAR.

THE MOON.

THE SUN.

JUDGEMENT.

THE WORLD.

小アルカナ（56枚）

ここからは小アルカナです。小アルカナには4つのスート（ワンド、カップ、ソード、ペンタクル）があり、各スートには、トランプのように、1から10までの数字と、4つのコートカード（ペイジ、ナイト、クイーン、キング）があります。

この本を読みながら実際のカードに触れるのが一番上達につながるのですが、カードが手元にないときには、ぜひここでカードをカラーで見ていただきたいと思います。なお、本書では「ライダー／ウェイト版」を使用しております。おそらく最も流通しているのと、扱いやすいため、初めてタロットカードに触れる方にもお勧めします。

ワンド（14枚）　→

タロットカード（ライダー／ウェイト版）の絵柄一覧

PAGE of WANDS.

KNIGHT of WANDS.

カップ（14枚）→

QUEEN of WANDS.

KING of WANDS.

ACE of CUPS.

PAGE of CUPS.　KNIGHT of CUPS.　QUEEN of CUPS.　KING of CUPS.

ソード（14枚）→

ACE of SWORDS.

タロットカード（ライダー／ウェイト版）の絵柄一覧

PAGE of SWORDS.

KNIGHT of SWORDS.

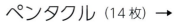
ペンタクル（14枚）→

QUEEN of SWORDS.

KING of SWORDS.

ACE of PENTACLES.

タロットカード（ライダー／ウェイト版）の絵柄一覧

✶はじめに✶

はじめに

　この本は、タロットの歴史や細やかな説明等、学問的に必要なものは省いて作りました。
　難しい意味や、ルールに縛られることなく、楽しみながらタロットカードに親しんでいただくために、閃きや直感力を大切に、実践的なリーディングを身につけ、理解していただくために書きました。
　初めてカードを見た方から、プロとして、お店に出演している方まで、タロットの楽しさ、不思議さを実感して、リーディングの面白さを理解していただければ、この上ない幸せです。

　こんにちは。
　わたしの本に興味を持っていただき、ありがとうございます。
　この仕事を始めて22年になりますが、ずっと疑問に思っていることがあります。
　それは、どのクラスでも、第1回目の授業で、生徒さんたちの質問にこんな意見が多いことです。

* 『タロットは難しい』
* 『リーディングができない』
* 『当たらない』

そこで、初めの授業の時間に、生徒さんたちに聞いてみました。

わたし　『なぜ、タロットは難しいと思うの？』
生　徒　『だって、あんなに沢山のカードの意味、覚えられないし、暗記できないもの』
わたし　『どうして暗記しようとするの？
　　　　　カードの絵を見て閃いた言葉の方が、ずっと大切よ』

わたし 『なぜ、リーディングができないの？』
生　徒 『一応、カードの意味は暗記したんですが、スプレッドした時、過去、現在、未来の繋がりが読めず、雨だれみたいに、ポツン、ポツンと切れてしまい、何を言っているのか解りません』
わたし 『暗記しているのは、そのカードの意味で、あなたの言葉ではないと思うの。過去、現在、未来と順番を決めた読み方では、続けるのは難しいと思います。
　　　　わたしなら、スプレッドしたカードを１つの物語として、一番目についた所のカードから、リーディングします。
　　　　もちろん、閃きを入れて説明をします』

わたし 『どうして当たらないの？』
生　徒 『わかりません』
わたし 『それは、当てようと思うから、当たらないのだと思うわ』
生　徒 『え～、じゃあ、当たりませんようにと考えるのですか？』
わたし 『まず、肩から力を抜いて自然な気持ちで、カードを見てごらんなさい。暗記した意味や順番なんか考えないで、カードを見て感じた言葉で話してごらんなさい。
　　　　それは、あなたの閃きであり、言葉だから、自分で理解できるでしょう？
　　　　人の言葉を借りず、自分の言葉で説明すれば、そのカードを、どう説明すればいいか良く分かるはずです』

memo

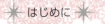

はじめに

河合桃寿流　実践タロット

* 100個の暗記より、1個の閃きを大切に
* 無理に暗記した言葉に感情は無いが、閃いた言葉は視野を広げる
* 順番通りにリーディングしなければならないと思い込むと、狭い枠の中から出られない
* 一番気になるカードから物語を進めると、説明がしやすくなる
* 自分の言葉で説明すれば、視野が広がり、ユニークな答えやタロットの楽しさ、素晴らしさに、きっと出会えます

先生　ちょうど良かったわ！

今から、新しいお教室が始まるところなの。
もし良かったら、ご一緒に勉強しませんか？
現在、生徒さんは4名いらっしゃいますから、
あなたが出席して下されば、5名で賑やかに楽しい授業ができるはずです。
え！？（本の中には入れない）と思っているの？
確かに、わたしのお教室は本の中で、二次元の世界。
あなたは、線から立体感がプラスされた三次元の世界……。
でも、無理と思う概念や壁を取れば、一緒に勉強できるはずです。
なぜなら、今までわたしの話をちゃんと聞いてくださっているのは、
すでに気持ちが通っているからでしょう？
ね！　タロットって、無理と思う気持ちを捨ててトライするところから始めるの。

スゴイ！　と思わない？
二次元と三次元が、合体できれば、枠が取れて視野が広がって、
カードの意味も自由に感じられるでしょう。

本に興味を持ってくだされば、後は教室の皆さんと一緒にお勉強ができるはずです。
ページをめくるごとに、授業は進みます。

疲れた時は本を閉じて、次の授業までお休みできます。
あなたのペースで無理なく楽しく、タロットをマスターしてください。
沢山の本の中から、わたしを選んでくださった、あなたなら、きっとできると信じています。

memo

モモコの楽しいタロット教室
【入門編】

もくじ

はじめに……9

第1章　大アルカナ……19
タロット用語の仕組み……22
タロット用語の説明……23
大アルカナの読み方……24

0	愚者	FOOL	フール…………………	26
I	魔術師	MAGICIAN	マジシャン………………	28
II	女教皇	HIGH PRIESTESS	ハイプリーステス…………	32
III	女帝	EMPRESS	エンプレス………………	34
IV	皇帝	EMPEROR	エンペラー………………	38
V	法王	HIEROPHANT	ハイエロファント…………	40
VI	恋人たち	LOVERS	ラバーズ…………………	44
VII	戦車	CHARIOT	チャリオット………………	46

Ⅷ	力	STRENGTH	ストレングス ……………	48
Ⅸ	隠者	HERMIT	ハーミット ……………	50
Ⅹ	運命の輪	WHEEL OF FORTUNE	ホイールオブフォーチュン ……	52
Ⅺ	正義	JUSTICE	ジャスティス ……………	54
Ⅻ	吊られ人	HANGED MAN	ハングドマン ……………	58
ⅩⅢ	死神	DEATH	デス ……………	60
ⅩⅣ	節制	TEMPERANCE	テンペランス ……………	62
ⅩⅤ	悪魔	DEVIL	デビル ……………	64
ⅩⅥ	塔	TOWER	タワー ……………	66
ⅩⅦ	星	STAR	スター ……………	70
ⅩⅧ	月	MOON	ムーン ……………	72
ⅩⅨ	太陽	SUN	サン ……………	74
ⅩⅩ	審判	JUDGEMENT	ジャッジメント ……………	76
ⅩⅪ	世界	WORLD	ワールド ……………	78

カードを扱う時の基本動作……80

実践練習……82

もくじ

第2章　小アルカナ……91
小アルカナについて……92

ワンド1 …………… 94	ワンド6 …………… 104
ワンド2 …………… 96	ワンド7 …………… 106
ワンド3 …………… 98	ワンド8 …………… 108
ワンド4 …………… 100	ワンド9 …………… 110
ワンド5 …………… 102	ワンド10………… 112

カップ1 …………… 114	カップ6 …………… 124
カップ2 …………… 116	カップ7 …………… 126
カップ3 …………… 118	カップ8 …………… 128
カップ4 …………… 120	カップ9 …………… 130
カップ5 …………… 122	カップ10………… 132

ソード1 …………… 134	ソード6 …………… 144
ソード2 …………… 136	ソード7 …………… 146
ソード3 …………… 138	ソード8 …………… 148
ソード4 …………… 140	ソード9 …………… 150
ソード5 …………… 142	ソード10………… 152

ペンタクル1 …………154　　ペンタクル6 …………164
ペンタクル2 …………156　　ペンタクル7 …………166
ペンタクル3 …………158　　ペンタクル8 …………168
ペンタクル4 …………160　　ペンタクル9 …………170
ペンタクル5 …………162　　ペンタクル10 ………172

コートカードについて……174

ペイジ　　PAGE …………176　　クイーン　QUEEN ………180
ナイト　　KNIGHT ………178　　キング　　KING …………182

実践練習……184

ファイブスプレッド……188　　例題1………………190
ヘキサグラムスプレッド…189　　例題2………………194
　　　　　　　　　　　　　　　例題3………………196

おわりに……198

17

Illustrations from the Rider-Waite Tarot Deck® reproduced by permission of U.S. Games Systems, Inc., Stamford, CT 06902 USA. Copyright ©1971 by U.S. Games Systems, Inc. Further reproduction is prohibited. The Rider-Waite Tarot Deck® is a registered trademark of U.S. Games Systems, Inc.

第1章

大アルカナ

第1章

さあ、これから皆さんと楽しみながら授業を始めましょう。
まず、生徒さんたちをご紹介します。

ケイコさん（50代）
現在、プロの占い師ですが、四柱推命、手相等は自信があっても、タロットは全然知らないので、勉強してプロとして使いたい。

陽平さん（40代）
現在、自営業で頑張っています。
生活が落ち着いて時間にゆとりができたので、趣味を持ちたくなり、タロットに興味が出て、ぜひ習いたい。

さやかさん（30代）
現在、独身のキャリアウーマン。行動的で明るく社交的。
タロットは、意味は一応覚えたが、リーディングができないので、そのコツを知りたい。

ゆかりさん（20代）
ちょっと人見知りする、大人しそうな女性。
タロットは覚えたいけれど、難しいこと、暗記することが苦手。
人付き合いが上手くなく苦手なので、タロットを覚えて友達を作りたい。できたら、プロになりたい。

そして、あなたの5人のクラスで始まります。
どうですか？
生徒さんの中で自分に似ているなと思う人がいれば、その人がどんな発言をするか、注意してみましょう。
あなたの発言、閃き、質問は、ノートに書いておきましょう。

それでは、授業を始める前にお願いがあります。
お手元のタロットカード（ライダーウェイト版）78枚を1枚ずつ目を通して、
『好きなカード』
『嫌いなカード』
『気になるカード』
各1枚〜2枚、書いてください。

カードの名前が分からなければ、カードに書いてある文字と数を書いてください。

できましたか？

ケイコさん
好きなカード……女帝
嫌いなカード……ソード７
気になるカード…隠者

さやかさん
好きなカード……ワンドの女王
嫌いなカード……塔
気になるカード…ソード１

陽平さん
好きなカード……太陽
嫌いなカード……ソード９
気になるカード…悪魔

ゆかりさん
好きなカード……カップ２
嫌いなカード……ソード３
気になるカード…愚者

あなたは、どんなカードを選びましたか？
ノートに書いてください。

タロットを勉強するために、タロット用語は必要です。
これは、覚えてくださいね。
必要な用語や読み方などは、この後のページに載せています。
徐々に覚えていってください。

皆さんが選んだカードが、なぜそれを選んだか理解できますから、少し待ってくださいね。
それから、タロットカードを１枚ずつ見ていただいたのは、ご挨拶です。
これから、あなたのパートナーになるカードと親しくなるための儀式です。
カードを見て、感じたまま３枚のカードを選んだことは、パートナーとのコミュニケーションが上手くいっている証です。

21

タロットカードの仕組み

1組（ワンデッキ）　78枚

大アルカナ　22枚
小アルカナ　56枚

小アルカナには、4つのユニット（ワンド、カップ、ソード、ペンタクル）があり、各ユニットは、数カード10枚と、
コートカード（王子、騎士、女王、王）4枚の計14枚
☆カードを家に例えれば、
　　大アルカナは、家の骨組み。
　　小アルカナは、壁、窓、カーテン、玄関……のように、
　　家をハウスからホームにするために必要なものとなります。

物語の大筋は、大アルカナで読めますが、その物語の感情や流れを知るには、小アルカナが必要となります。

memo

タロット用語の説明

大アルカナ	0～21の22枚。小アルカナ以外
小アルカナ	ワンド、カップ、ソード、ペンタクルの56枚
コートカード	王、女王、騎士、王子（従者）　コートは宮廷
人物カード	コートカードと同じ。また、大アルカナの人物
プリンセス	ペイジ（王子）と同じ
プリンス	ナイト、もしくは、ペイジと同じ
絵札	小アルカナで絵の描いてあるもの
数札	小アルカナで数やマークのみ描いてあるもの
スート	小アルカナの1～10
デッキ	一組のタロットカード
パイル	カードの山
カット	トランプのように切り混ぜること
シャッフル	カードを両手でかき混ぜること
アップライト	正位置（絵柄の頭が上になっている）
リバース	逆位置（絵柄の頭が下になっている）
スプレッド	テーブルの決まった位置にカードを置く
リーディング	カードを読む
コンビネーションリーディング	2～3枚を合わせて読む
ワンオラクル	シングルスプレッド（1枚引き）
占者	占い師（リーダー）
クライアント	客（ゲスト）、質問者
他者占い	クライアントを占う
自者占い	自分を占う

大アルカナの読み方

0	愚者	FOOL	フール
I	魔術師	MAGICIAN	マジシャン
II	女教皇	HIGH PRIESTESS	ハイプリーステス
III	女帝	EMPRESS	エンプレス
IV	皇帝	EMPEROR	エンペラー
V	法王	HIEROPHANT	ハイエロファント
VI	恋人たち	LOVERS	ラバーズ
VII	戦車	CHARIOT	チャリオット
VIII	力	STRENGTH	ストレングス
IX	隠者	HERMIT	ハーミット
X	運命の輪	WHEEL OF FORTUNE	ホイールオブフォーチュン
XI	正義	JUSTICE	ジャスティス
XII	吊られ人	HANGED MAN	ハングドマン
XIII	死神	DEATH	デス
XIV	節制	TEMPERANCE	テンペランス
XV	悪魔	DEVIL	デビル
XVI	塔	TOWER	タワー
XVII	星	STAR	スター
XVIII	月	MOON	ムーン
XIX	太陽	SUN	サン
XX	審判	JUDGEMENT	ジャッジメント
XXI	世界	WORLD	ワールド

memo

※ 第1章 ※

0　愚者　FOOL
（フール）

先生　このカードを見て、感じたことを教えてください。

ケイコ　崖の先で踊っているけど、本人は解っていないのではないですか。

何だか楽しそうに見えます。
空に向かって飛んでいきたい。

陽平

さやか　これは愚者というカードで、純粋な力、大きな決意の意味です。

足元の犬が何か言っているみたい。
一緒に行きたいのかな？

ゆかり

あなたは、どう感じましたか？　ノートに書きましょう。

ケイコさん、彼の顔はどんな様子ですか？

ケイコ　楽しそうで、怖がっていません。

陽平さん、彼は空に向かって飛んで行きたいのかな？

どこか遠く、大きな夢に向かって飛んで
行きたいのかな？

陽平

さやかさん、あなたの感じた純粋な力、大きな決意は何ですか？

さやか　人を疑うことを知らない無邪気さと、何か大きな計画です。

26

ゆかりさん、犬は何を言っていますか？　足元が危ないと注意していますか？
それとも一緒に連れて行ってとお願いしていますか？

どちらにも見えます。

1人の若者が、明るい上空を眺め、両手を広げ、今にも飛び立とうとしています。足元は崖っぷちで危険なのに、その危うさに気付かず、思いついた夢に向かって、何とかなると思っているようです。足元にいる白い犬は、彼に付いて行きたいと言っているのでしょうか？　それとも、足元の危うさを注意しているのでしょうか？
数は0（ゼロ）です。0は、1より前の数。
1がスタートなら、0はその前です。
1が誕生なら、0はまだ生まれる前と考えられます。
1が現実的なら、0は形になっていないもの。
自由、無頓着、お気楽等が感じられませんか？

『やれば、何とかなるんじゃない？』
『足元に準備ができていないから、何をしたらいいか分からない』

杖の先に小さな荷物一つで、気の向くまま自由な旅をしているように見えませんか？　純粋な心は人を疑うことを知らず、何とかなると思ったことを、無頓着に実行しようとしています。
正位置は、バランスが取れているカード、逆位置は過不足がある状態です。
後のことは考えず、実行したら上手くいった。いざ実行しようと思ったが、足元が定まらないので実行できない、無理に実行して失敗する。
何となく皆さんがカードで感じたことと似ていませんか？

今、皆さんが感じた気持ちをデフォルメして、連想ゲームのように繋がりを付けたら、こんな言葉が理解できると思います。

アップライト
正位置　　予想外の展開、信念、自由、気まま、マイペース、
　　　　　　明るい未来、0からの出発、プラス志向

リバース
逆位置　　ひとりよがり、軽はずみ、当てずっぽう、行動に出られない

第1章

I　魔術師　MAGICIAN
（マジシャン）

このカードを見て、感じたことを教えてください。

手を挙げて、何かを宣言しているように
見えます。

ボクも、何か新しいことをしたいとか、
するように見えます。

これは魔術師のカードで、野心的、計画の実行
です。

フリーマーケットで物を売っているみたい。
机の上に、品物が置いてあるから。

あなたは、どう感じましたか？　ノートに書きましょう。

それでは、質問させてくださいね。
ケイコさん、宣言している内容とは、良いことですか？悪いことですか？

背景が黄色なので、良いことや期待している
ことに見えます。

さやかさん、さすがに暗記しているだけあって、意味を掴んでいますが、
その答えでクライアント様に説明できますか？

カードを見て意味は出ますが、
説明は難しいです。

それは、自分の閃きではなく、書いてあるものを、ただ暗記した単語だからです。直感力の鋭いものを持っている方だから、自分で感じたことを教えてください。

ゆかりさんは、ユニークな考えを持っている方ですね。
固定観念がないので、自由な角度から読めると思います。

このカードの数は何ですか？

1です。

そうです 『1』は何ですか？

スタート、始まりです。

当たり！です。では、今、皆さんがそれぞれ感じたことを考えてみましょう。
ケイコさんの『良いことや期待していることを宣言しているように見える』は、新しいスタート、始まりを宣言すると考えられませんか？

陽平さんの『新しいことをする、スタート』
さやかさんの『野心的、計画の実行をスタートする決心をする』
ゆかりさんの『フリーマーケットで何か売っている人に見える』なら、
品物を売るために注目されたい、また、机の上に目を付けたことは素敵です。
この品物は、後で勉強する小アルカナ（ワンド、カップ、ソード、ペンタクル）です。フリーマーケットで初めて出店して人を集めて成功したいと思っている、そのように考えられませんか？

皆さんの感じたことと、このカードの大まかの意味は同じだと思いませんか？
カードの意味は基本的に正位置はバランスが取れていて、逆位置は過不足がある状態です。（なぜか逆の時もありますが）

では、質問です。何か新しいことをしようと決心して、正位置なら？

29

第1章

『成功する、上手くいく』

逆位置が出たら？

『失敗する、実行できない』

その通りです！
これで魔術師のカードについては、大まかなものが理解できると思いますよ。
このような教え方で進みますから、
途中、解らないことがありましたら、質問してくださいね。

では、連想ゲームです。

　※ **正位置** ※　　物事の始まり、新しいスタートや経験、直感力、
　　　　　　　　　　自信、強い意志を持って行動する

　※ **逆位置** ※　　出発の失敗、出遅れ、準備不足、詐欺、優柔不断

memo

第1章

II　女教皇　HIGH PRIESTESS
（ハイプリーステス）

先生
これを見て、感じたことを教えてください。

ケイコ
何となく寂しそうな女性に見えます。
未亡人かしら？

ボクには、大人しい頭の良い人に見えます。
目の前の三日月が気になります。

陽平

さやか
直感力、二面性を持ったカードです。

本を抱えて、十字架のネックレスを
しているから、頭は良いと思うけれど、
白と水色が多いので冷え性かしら？

ゆかり

あなたは、どう感じましたか？　ノートに書きましょう。

さやかさん、『二面性』って何ですか？

さやか
白と黒の柱は、有形無形を表しています。

何だか難しそうですね。あなたの言葉で教えてください。

さやか
良い、悪いとか、光と影のように裏表があり、
冷静になることで、女性の雰囲気が落ち着いて
見えるのです。

ありがとうございました。
皆さんの意見を聞いていると、この女性は静かで頭の良さそうな、
ちょっと寂しそうに見える冷静な方で良いですか？

はーい

ザクロ模様のカーテンの前に、1人の女性が座っています。
彼女の服装は、白とグレーで統一され、胸には十字架のネックレス、
手には本を持っています。
両脇には、白と黒の柱があり、前には大きな三日月が見えます。
全体から『静かな清純で勉強が好きな女性』に見えませんか？
知的で静かに正面を見ている姿は、修道院のシスターや、直感力の鋭い女性で、
三日月は心の変化を表しています。
2本の柱は、裏表、有形と無形、光と闇の二面性を表しています。皆さんが
感じた意味をデフォルメしていくと、こんな言葉が理解できませんか。

✳ 正位置 ✳　勉強好き、学ぶことが大切、清純、聡明、控え目、学生、
　　　　　　まじめ

✳ 逆位置 ✳　冷え性、晩婚、だらしが無い、精神不安定、曖昧、冷たい女

memo

第1章

Ⅲ 女帝　EMPRESS
（エンプレス）

このカードを見て、感じたことを教えてください。

優しそうな方ですね。今の自分に満足しているように見えます。

森の中ですか？　水も流れて木や草が育ち、のんびりとした状態に見えます。

女帝は、母、豊かさを表しています。

ロングドレスを着ているけど、マタニティドレスみたい。

あなたは、どう感じましたか？　ノートに書きましょう。

ゆかりさんが、マタニティドレスに見えると言っていましたが、
皆さんはどうですか？

見えまーす　やがて母親になるのですね。

陽平さんが『森の中ですか？』と言っていましたが、
この広い土地が、この人の持ち物だとしたら、貧乏ですか？　お金持ちですか？

お金持ちです。だから、満足している顔に感じられるのですね。

1人の女性が満ち足りた優しい笑顔で、ゆったりと椅子に座っています。
周りの景色は、綺麗な水が流れ、草木は活き活きと育っています。
女性の着ている洋服は、ゆったりとしたザクロ模様で、マタニティドレスの
ようにも見えませんか？　そこで何を感じますか？

マタニティドレス→妊婦と想像してください。

もし、このお腹に赤ちゃんができているとしたら、
すぐに生まれるわけではなく、10カ月弱、時間がかかります。
始めは企画、小さな形であっても、
少しずつ形になり、順調に育ち、やがて誕生する。
周りの草木も、理想の良い条件の中、ゆっくり育ち、
やがて大木となり、実るでしょう？
Ⅱ 女教皇のカードは、ザクロのカーテンでしたが、
このカードはザクロ模様の服を着ています。
アルカナ（秘め事）で、ザクロは女性器を表していますから、
Ⅱ 女教皇はヴァージン、女学生、考えが固い、
それに比べ、このカードは成熟した女性を表しています。
妊婦→母親を考えられるなら、性格も穏やか、受け入れる、
自信を持って育つのを待つ等、思いつきませんか？

もし、このカードが仕事の質問で出た時、お腹の赤ちゃんを想像すれば、
『企画や成功は、すぐにではなく、順調に進み、やがて形となって成功する』

では、リバースが出たら、お腹の赤ちゃんが流産した想像をすれば、
『企画や成功は、始めは順調に見えても流れてしまう可能性がある』
性格も母親の悪いイメージで連想してみましょう。

そこから、こんな言葉が理解できると思います。

* **正位置**　　母、妊娠、豊か、幸せな結婚、視野の広い、
　　　　　　　ゆっくりとした成功

* **逆位置**　　中絶、流産、浪費、視野の狭い、見栄っ張り

2枚のカードの違いを教えてください。

独身と母親。

精神面に強い人と現実面に強い人。

ザクロの模様のカーテンと身に着けている。

女教皇に三日月があって、女帝には無い。

あなたはどんな違いに気付きましたか？
この違いが解ることで、カードの意味が広がってきたでしょう。

それでは、このカードの人物が2人とも学校の先生だとしたら、それぞれどんな先生に見えますか？

まじめで大人しい先生と、
明るい笑っている先生です。

静かな先生と、明るいけど怒らすとこわい先生だと思うなー。

 自分の意見より人の意見を聞いてくれる先生と、困っている時に頼りになる相談相手の先生。

静かでまじめに見えるけれど本音を出さない先生と、喜怒哀楽がはっきり顔に出る先生。

 よいですね〜。この2枚のカードの意味を理解できたようですね。

memo

第1章

Ⅳ　皇帝　EMPEROR
（エンペラー）

先生
このカードを見て、感じたことを教えてください。

ケイコ
なんだか主人に似ています。

椅子にどっしり座って、自信を持って
中央を見ているので、偉い人に見えます。

陽平

さやか
権威、リーダーシップのカードです。

椅子の手のところに羊の模様があるし、
洋服の下に鎧みたいなものがみえるから、
外面と内面に違いがある人みたい。

ゆかり

あなたは、どう感じましたか？
ノートに書きましょう。

ケイコさん、ご主人はどんな方ですか？

ケイコ
昭和の男っていうのですか？　無口で頑固で
黙って着いて来い型ですが、頼もしく仕事熱心
で優しいところもあります。

陽平さん、彼の座っている椅子は、どんな感じですか？

何だか固そうな椅子ですね。石でできているの
ですか？

陽平

さやかさん、あなたの感じた純粋な力、大きな決意は何ですか？

 そうですね。意志の固さを感じます。

手元に描かれている動物は、山羊か羊に見えませんか？
頑固でワンマン、意志が固いけれど、
内面に優しいところがある男性と理解できますか？

 はーい。

あなたは、どうですか？

赤い衣を身にまとい、鋭い眼力で中央を見据えて、
1人の男性が椅子に座っています。
それは石の椅子で、彼の頑固さと意志の強さを表しています。
その後ろに見える山は、険しく切り立っており、彼の人生を表しています。
なだらかな人生ではなく、いくつもの困難を乗り越え成功を掴んだことです。
椅子の台座にある山羊か羊に見える動物から、
彼の優しさや臆病な面を感じませんか？
また、衣の下に鎧を着ていることから、いつでも戦いに行ける行動力や、
本音を表さない臆病さを感じられたら、
カードの正逆位置に当てはめてみましょう。

赤い衣は、彼の置かれている地位、性格です。
赤は、権威、決断力を表します。
それを踏まえて、こんな言葉が理解できませんか？

✶ **正位置** ✶　　実行、リーダーシップ、支配者、決断力、仕事の成功、出世

✶ **逆位置** ✶　　ワンマン、優柔不断、未熟、臆病、本音を言わない、降格

39

第1章

Ⅳ　法王　HIEROPHANT
（ハイエロファント）

先生：このカードを見て、感じたことを教えてください。

ケイコ：赤い衣を着た人の話を、手前にいる2人の人が無心に聞いています。

陽平：今までのカードは、1人しか描いてありませんでしたが、このカードには、3人の人がいます。

さやか：法王のカードです。伝達、無欲、アドバイスの意味です。

ゆかり：前に座っているオジサンたち、なんでハゲているんですか？

あなたは、どう感じましたか？　ノートに書きましょう。

ケイコさん、赤い服を着た人の話を、2人の男性が熱心に聞いていると言いましたが、では、その2人は、赤い衣を着た人の話を納得して聞いていますか？

ケイコ：大人しく聞いているように見えるので、理解していると思います。

陽平さん、良いところに気が付きましたね。
今までは、登場人物が1人なので、独り言になりますが、
このカードには3人の登場人物がいるため、話し合うことができますね。
そうすれば、さやかさんのカードの意味も、皆さん理解できると思いますよ。
ゆかりさん、前に座っている人は、ハゲではなく、神に仕える牧師様や、

出家した兵士を表しています。今では、毛を剃る代わりに、教会の牧師様は、丸いベレー帽のようなものを頭に載せているでしょう？

中央に赤い服を着た権威のある人が、前にかしこまっている2人の男性と話をしています。
彼は法王で、皆の相談事に答えているのです。
どんな話をしているのか、想像してみましょう。

> 法王様、西の国は戦争が始まり、毎日、大勢の怪我人が出ています。

> 法王様、東の国は、雨が降らないため作物が枯れて食べるものがありません。

> それは困りましたね。それでは、西の国はこうしたらどうですか？　東の国は、こんな方法はどうですか？

前にいる2人の男性が、大人しく素直に法王の話を聞いているように見えているなら、法王様の話の伝達が上手く伝わり、理解できているのです。
法王様の両脇に古い柱が立っています。
これは、伝統、古い伝統が守られていると考えられませんか？
正位置で、大人しく話を聞いていた者が、逆位置になるとバランスが崩れ、法王を信用できなくなる、何を言っているのか解らないと誤解するようになると思いませんか。

それでは連想すると、

- **正位置**　　親切、アドバイス、話し合い、無欲、過去の壁が消える、解決策が見える、縁談、紹介

- **逆位置**　　偏屈、援助の打ち切り、間違った伝達、壁が厚く先が見えない仲人、気に入らない縁談

また、法王様、古い柱、教会等の連想から、お見合い、結婚等も考えられますね。

第1章

それでは、0〜5の6枚のカードをクリアーできたので、
このカードを使って占いごっこをしてみましょう。
一人ずつの意見より、皆さんで納得する答えを出してください。

皆さん

> ワイワイ、ガヤガヤ。

あなたの閃きを教えてください。

ある日、お店に50代の立派な男性が来て、こう聞きました。

> 君、僕たち夫婦は、どんな関係かな？

> 皆で相談しましたので、僕が代表で答えます。3枚のカードが、正位置になっていることは、バランスが取れて上手くいっているので、男性は皇帝、奥様は女帝と想像し、真ん中の法王は、お互いの伝達として考えました。夫は夫らしく、妻は妻らしく、お互いの間は伝達が上手くいっているから、満足している夫婦です。

陽平

皆さんの意見も、それでいいですか？

皆さん

> ハーイ、良いです。

あなたはどうでしたか？
ノートに書いておきましょう。
皆さんの答えは素晴らしく、カードの意味も理解できていますから、あとは話し方の練習ですね。例えば、問題のようなクライアント様がみえた時、

『お客様は、独立をなさっているか、人の上に立ってリーダー的存在のお仕事をなさっていらっしゃいますから、多忙だと思います。そんな大変さを奥様は理解して家庭を守り、あなたを信じて満足しています。その原因は、お互いが何でも話し合って、伝達が上手くいっているからです』
といった話し方がいいでしょう。
それでは、同じクライアントが、同じ質問をして、こんなカードの位置になりましたがどうでしょうか？あなたの閃きを教えてください。

 皆さん ワイワイ、ガヤガヤ。

 さやか クライアントと奥様の間がしっくりいっていません。その原因は伝達が上手くいかないからです。

さやかさんもだいぶ、自分の閃きで読むようになりましたね。
他の皆さんは、どうですか？

 皆さん それで良いでーす。

それでは、さやかさんが答えてくださった言葉を、もう少し分かりやすく話してみましょう。
『お客様、現在お仕事が忙しすぎて、奥様とあまり話し合うことが無いのではないでしょうか？言葉が不足しているために奥様は、視野が狭くなり、本当に仕事で忙しいのか、疑ったり、不満に思っています。もっと相手の気持ちを考えてコミュニケーションを取り、自分の今の立場を相手が理解できるように説明しないと誤解されますよ』

いかがですか？　3枚のカードでいくつもの物語ができます。

第1章

VI 恋人たち LOVERS
（ラバーズ）

 このカードを見て、感じたことを教えてください。

 裸の男女が見つめ合っています。自由とか恋人に見えます。

2人の上に天使のような人が見守っているようです。

 恋人たちのカードです。
選択、コミュニケーションを表しています

裸でいることは、隠し事が無いということですか？

あなたは、どう感じましたか？
ノートに書きましょう。

1組の男女が裸で向き合っています。
その上には大天使が2人を見守っています。
両脇の木には実がなっており、左側の木には蛇がとぐろを巻いて男女を見ています。
2人は何を話しているのでしょう？

わたし、あなたを選んでよかったわ。

ボクも、君を選んでよかった。

何も隠さず、ずっと話していたいわ。

> 同感だね。

恋人同士の会話として想像すれば、こんな甘いお話かもしれません。

蛇の誘惑は、アダムとイヴの物語を示しているようです。
正位置では、蛇の誘惑に気付かないカード。
でも、逆位置で蛇が出現します。
裸で話していた男女は、衣を身にまとい、本音を出さなくなります。
蛇の誘惑は、邪魔者が現れ、三角関係となります。

> わたし、あなたを選んで失敗したわ。

> ボクも、君を選ばなかった方が良かった。

> 話をしても、気が無い会話は詰まらないわ。

> 同感だね。

連想すると、

- **正位置** 恋人たち、良き選択、正しい選択、コミュニケーション、一目惚れ
- **逆位置** 三角関係、選択の間違い、コミュニケーション不足、本音を言わない

memo

第1章

戦車　CHARIOT
（チャリオット）

先生
このカードを見て、感じたことを教えてください。

ケイコ
鎧を着ている男の人が、戦いに出掛けるように見えます。バックが黄色で明るい色なので、きっと勝つと思います。

陽平
白と黒のスフィンクスが気になります。あと、鎧の肩のところに三日月があり、顔のようにも見えます。

さやか
戦車のカードです。わたしは戦いに勝ったのは、乗り物の整備をしっかりしていたために思い通りに行動できたからだと思います。

ゆかり
この男の人は、自分に自信を持って進んで行くように見えます。

あなたは、どう感じましたか？
ノートに書きましょう。

1人の若者が、戦場に出掛けます。
彼の乗り物は、よく整備されバランスが良いため、無事に帰れることでしょう。
車の前にいるスフィンクスは馬の代わりで、2つの心、イエス、ノーを表しています。
また、彼の鎧の肩には、ペルソナの月があります。
ペルソナとは仮面のことで、恋人のため、母のため、国のため、戦争に出掛けても、本心は怖いのです。

相手を殺さなければならないし、相手に殺されるかもしれないからです。
それでも戦いに挑むのは、守るべき者が勝利を願っているからです。
車の前に描かれている、こまの絵に気付きましたか？
こまを回すと、始めは強い力で回りますが、力が弱まるとコトンと止まります。
『勝負は短期』 短期集中で、いつまでも伸ばさない方が良いと示しています。

あとは、無事に戻って来ることができたのは、車の整備が良かったからです。
もし、車輪が一つ外れたら、もし、ブレーキが利かなくなったら。
コントロールができず、前に進めなかったり、暴走して歯止めが効かなくなります。

連想すると、

- ✲ **正位置** ✲　　征服、勝利、決断、困難を乗り越える、コントロール、短期決戦
- ✲ **逆位置** ✲　　暴走、スキャンダル、早合点、自信がない、進めない、コントロールが取れない

memo

第1章

力　STRENGTH
（ストレングス）

Ⅷ

先生
これを見て、感じたことを教えてください。

ケイコ
女の人にライオンが甘えています。バックが黄色だから希望とか期待を持てる気がします。

普通では怖いライオンを平気で触っているのはキセキですね。

陽平

さやか
力のカードです。信頼、バランスを表しています。

ライオンの機嫌の悪い時に、こんなことをしたら噛まれますよね。よほど相手を信用していなければできないと思います。

ゆかり

あなたは、どう感じましたか？
ノートに書きましょう。

1人の女性が、一頭のライオンを手懐けているように見えます。
このカードは、別名『ライオンの口の中に手を入れる乙女』と言われています。

誰でも普通は、そんな危険なことをしようとは思わないでしょう。
成功すれば奇跡が起こったと思うでしょう。
しかし、乙女は平気でライオンの口の中に手を入れます。
ライオンも乙女のすることに怒ることもなく、
大人しくされるままにしています。
なぜこんなことができると思いますか？
乙女はライオンの口の中に手を入れても、

決して噛まないことを信じているし、
ライオンも乙女が口の中で悪戯をしないことを信じているからです。

もし、白い衣が精神なら、茶色は肉体、女性と男性、と考えてみましょう。
バランスの取れている状態ですから、健康、相思相愛、と考えられませんか？

このカードがリバースすれば、バランスが崩れ、過不足になります。
ある日、乙女がライオンの口の中に手を入れたら、ガブリと噛まれます。
怒った乙女は、何をする、とライオンの口を引き裂きます。
精神が勝てば、相手に嫌味を言い続け、相手の気持ちを追い込んで、
肉体が勝てば、相手を暴力で征服する（DV）と考えられませんか？

連想すると、

- **正位置**　　信頼、バランス、信念、相思相愛、奇跡、解放

- **逆位置**　　実力不足、力関係のバランスが崩れる、愛が冷める
　　　　　　　相手を信頼できなくなる

memo

隠者　HERMIT
（ハーミット）

先生: このカードを見て、感じたことを教えてください。

ケイコ: 寂しそうな老人が、カンテラの灯りで何かを探しています。

陽平: ボクは、頭の良い考え深い人の気がします。

さやか: 隠者のカードです。慎重や知恵、孤独を表しています。

ゆかり: どこかで迷子になって、道を探しているお爺さんに見えます。

あなたは、どう感じましたか？
ノートに書きましょう。

老人が1人暗い場所に立っています。
老人の右手はカンテラをかざし、左手には杖を持っています。
彼は何をしているのでしょうか？
もし、この暗い場所がトンネルの中だったらと想像してみましょう。
彼は、カンテラで足元を照らし、転ばないように慎重に少しずつ進んでいます。
時々、カンテラを高くかざして、トンネルの出口を探しているように見えます。

老人は年寄りのため、動作は遅く、慎重です。
やがてトンネルの出口が見つかり、そこから脱出できるでしょう。
もし、老人が転んで、カンテラの灯りが消えたと考えれば、

一寸先も見えない闇の中で、怖くて前に進めず、うずくまってしまいます。
正位置では杖を使いながら用心深く、出口に向かっていることを考えれば、
杖＝知恵と想像できます。
逆位置は、転んでカンテラの灯りが消えたと同時に、杖も飛ばしてしまい、
動けない状態を考えてみましょう。

絵全体が暗く感じられれば、ひきこもり、精神的病気も、連想できます。

連想すると、

- **正位置**　慎重、用心、知恵、探求、精神的な病（ストレスや疲れが出ているので無理しない）、問題解決の出口が分かる

- **逆位置**　内気、人嫌い、落ち込み、偏屈、出口が見つからない、臆病、孤独、引きこもり

memo

※ 第1章 ※

X　運命の輪　WHEEL OF FORTUNE
（ホイール オブ フォーチュン）

先生　このカードを見て、感じたことを教えてください。

ケイコ　崖空に大きな輪が浮かんでいます。
その周りに沢山の動物が見えます。

陽平　題名が運命の輪と書いてあるので、この輪は、
チャンスではないでしょうか？
それを掴んだ者と逃がした者の違いとか。

さやか　運命の輪のカードです。変化、旅行、チャンス
を表しています。

ゆかり　カードの隅に４頭の動物がいるし、スフィンク
スは輪の上に乗って、蛇やキツネは輪を追って
いるのに、なかなか捕まらないみたい。

あなたは、どう感じましたか？
ノートに書きましょう。

空の雲間に、大きな輪が回りながら移動しています。
カードの四隅にいる動物は、牡牛、鷲、獅子、双子と西洋占星術の
ホロスコープに出て来る12星座に似ています。
それを連想できたら、この絵は運命の輪であることがわかるでしょう。
その輪を取り損なって、一生懸命追いかけている、キツネと蛇を見て、
スフィンクスがこう言います。

『一度逃したチャンスを、後で気づいて追いかけても捕まらないよ。
それより、同じ場所で待っていれば、やがて輪は向こうから近付いて来るから、

焦らず、その時を待てば良い』
この輪は、空の上を飛んでいるので、飛行機を思い出した人は、
旅行に繋げて、飛行機を使う、海外、国内旅行を連想できると思います。

輪がくるくる回りながら動くので、変わる＝変化を感じませんか？

連想すると、

✴ 正位置 ✴　　運命、良い変化、旅行、チャンスを掴む、順調、報酬

✴ 逆位置 ✴　　悪い変化、チャンスを逃す、落とし穴、トラブル、
　　　　　　　　延期、妨害

memo

第1章

XI　正義　JUSTICE
（ジャスティス）

先生：これのカード見て、感じたことを教えてください。

ケイコ：とても厳しい顔をして見えます。閻魔様みたい。

陽平：左手に持っている、ハカリのようなものは、揺れると平衡のバランスを偏らせる気がします。

さやか：正義のカードです。裁判や公平を表しています。

ゆかり：それなら、逆位置になったら、バランスが崩れて不公平になるの？

あなたは、どう感じましたか？
ノートに書きましょう。

赤い衣を着た人物が、中央を見据え、右手に剣、左手に天秤を持って座っています。別名『裁判の女神』と呼ばれているこのカードは、意志と公平さを表しています。
右手の剣は、意志の強さを。左手の天秤は平衡になっていることから、バランスが取れていることを感じます。
赤い衣は権威を表していますから、職業は検事、判事等が連想されます。
目は中央をしっかり見据えていることは、正当に評価され中立のバランスを保ち、正しい決断をする、自分にも人にも厳しい人のように見えませんか？

このカードがリバースすると、剣はなまくら刀で、役に立たなかったり、
剣の力を押し付けて相手を屈服させたり、

公平の天秤が揺れて判断ができなかったり、
片方に傾くことを連想すれば、えこひいきにも思えます。

また、両横にある古い柱は、Ⅴ法王　と同じ古くから続けられている、
正しい秩序を守る意味でもあります。

連想すると、

- **正位置**　公正、公平、名誉裁判、正しい結論、道徳、秩序、
バランスを保つ
- **逆位置**　判断ミス、判断ができない、バランスが崩れる、えこひいき、
離婚、正当に扱われず相手に振り回される、
権力を振りかざし相手を屈服させる

気が付きましたか？
大アルカナ22枚の内、いつの間にか12枚のカードをクリアしていることを
……。

それでは、この辺で一息入れて、占い師ごっこをしてみましょう。

この占い方法は、後でまたお勉強しますが、シングルスプレッド（一枚引き）
または、ワンオラクルと言って、一つの問題を1枚のカードで答える方法です。

ある日、30代の男性が3つの問題を持って来ました。
『先生、転職と旅行と健康について教えてください』
占い師は、一つの問題に1枚ずつカードを開いて、その質問に答えました。
皆さんは、どんな答えを出しますか？

ガヤガヤ、ワイワイ…
１番目の転職は、憧れや簡単に考えているけれど、足元の準備ができていないから、夢ではなく、具体的に現実を考えないといけないと思います。
２番目の旅行は、ラッキーな旅を楽しめそうです。自分を変えたいと思っている人は、旅行によって、その答えに気付くかもしれません。
３番目の健康は、とても疲れて見えます。ストレスや不眠等で精神面や、冷えから来る胃腸関係の不調に注意してください。

皆さんの答えは、これで良いですか？

良いでーす。

それでは、こんな問題はどうですか？
ある日、気の弱そうな老人が、
『先生、わたしには何のことか解りませんが、裁判所から出廷するようにと書類が来ました。どうしたらいいでしょう』
出たカードは、下の３枚です。

このスプレッド法は、スリーカード（3枚引き）です。何度か練習しましたね。

先生、この問題も、
皆で考えて発表するのですか？

何だか、あなた1人でも発表したいようですね。
きっと皆さんも同じ気持ちだと思いますよ。
それでは、ゆかりさんの答えを皆さんに聞いていただき、
チェックしてもらいましょう。

ワイワイ、ガヤガヤ。

決まりました。皆と大体同じ答えでした

それでは、教えてください。皆さんの答えを。

このお爺さんは、慎重で口下手な人だと思います。でも、カンテラで出口を探しているから、自分は悪いことをしていないから、出口を見付けたいと思っています。
それなら裁判所に行けば、公平に判断する裁判官が無実を分かってくれるし、真ん中にある運命の輪はチャンスが来ると言っているので、お爺さんの有利な証言やアリバイを証明する人がいて無罪になると思います。

皆さん、それで良いですか？

良いでーす。

すごいですね！
皆さんの意見が、だんだん自信を持って感じたことを発表しているように思えます。

第1章

XII 吊られ人　HANGED MAN
（ハングドマン）

先生
このカードを見て、感じたことを教えてください。

ケイコ
この人は、何か悪いことをして罰を与えられているのですか？

それにしては、スッキリしている顔に見えるし、顔の後ろにある光の玉みたいな物が何なのか気になります。

陽平

さやか
吊られのカードです。
自己犠牲、悟り、宙ぶらりんの意味です。

わたしだったら、こんな形で立つこと考えたら、無理だと思う。きっと無理しているんじゃない？それと手を後ろに組んでいるから、何か隠しているのかもしれないし。

ゆかり

あなたは、どう感じましたか？
ノートに書きましょう。

1人の男性が、足首を吊られてぶら下がっています。
彼の顔は苦痛の顔色ではなく、どこかスッキリと見えます。
その後ろには黄色の光が後光のようにも見えます。
多くの参考書には、色々の説明がありますが、
東條真人先生の『ミトラ伝説』の説明が好きで、
イメージが作りやすいので使用しました。

大昔、この地球で天使と悪魔が大戦争をしていました。

この農夫は、その横で土を耕していましたが、口を開けた途端、
戦っていた悪魔が、農夫の口の中に入り込んでしまいました。
苦しんでいる農夫を、天使の兵士が彼を木に吊るして言いました。
『苦しいでしょうが、もう少し頑張ってください。
こうして逆さに吊るすことで、中にいる悪魔が苦しくなって、
我慢できずに口から出ていきます。それまで頑張ってください』
やがて、口から悪魔が出て農夫はスッキリした気分になりました……。
後光に見える光の塊は、苦しさから自己犠牲を払って
得た悟りかもしれませんね。
彼の吊るされている足の紐をよく見てみると、縛られているのではなく、
足を紐に引っ掛けているだけなので、
それに気付けば足を抜くことができます。
気に吊るされて、左右に揺れていることは、その範囲、
限られた枠の中での考えは、答えはいつも一緒ですが、
足が抜けて枠から出られれば、
違う方法で解決できることに気が付くはずです。

この農夫のような形で立ってみてください。不自然で無理だと思います。
無理なこと、忍耐、辛抱は限界がある、早く楽になりたい。
手を後ろにしているのは、何か後手に持っているのではないか、
何か隠しているのではないかと感じませんか？
この形は、悟りを得るためのお坊様たちの修行にも感じられます。

連想すると、

- **正位置** 宙ぶらりん、忍耐や困難の終わり、自分の場所が無い、自己犠牲
- **逆位置** どっちつかず、忍耐や困難がまだ続く、決められた枠の中で答えは同じ

第1章

XIII 死神　DEATH
（デス）

このカードを見て、感じたことを教えてください。

このカードの死神は、あまり怖いという気がしません。

死神と法王様のような人が
何を話しているか気になります。

これは死神のカードです。
死と再生を表しています。

鎧の中は骸骨なので、死んだ人だと思うけど、なんとなく凛として見えるから、生きていた時格好良かったと思います。あと、骸骨は骨で肉が付いていないから、要らない無駄な肉はそぎ落として、スッキリするアルカナ……なんてねー。

あなたは、どう感じましたか？
ノートに書きましょう。

白馬に乗り、バラの花の黒い旗をなびかせて、鎧を着た骸骨が、
偉いお坊様と何か話をしています。
周囲には沢山の死人や瀕死の子供たちがいます。
2人は何を話しているのか、想像してみましょう。
『こんな地獄のような世の中で、生きていても辛いだけです。
どうか、わたしも死の世界に連れて行ってください』
『わたしは神の使いで、命を亡くした人々の魂を拾い、
洗い清めて戦争の無い国へ運ぶ役目を果たしているのです。

この人たちは、すでに命が無くなり、過去が終わっています。
あなたには、まだ命があります。
あちらを見てごらんなさい。太陽が昇って来るのが見えるでしょう。
命があれば、やり直し、希望は現実にできるのです。
過去を捨て、考え方を変えれば、復活は必ずできるはずです』

こんな会話を想像すれば、死神も味のある人物に見えませんか？
骸骨は骨だけで、『身を削ぐ』、『余計な肉を付けない』から、
ダイエット成功等を感じる方もいらっしゃいました。
一度終わったことや、終わりにしていたことが、
新しい形で再生する意味を感じることができればすごいです。

連想すると、

* **正位置** * 　死、清算、打ち切り、過去に終わりを告げる、
　　　　　　　　未練を断ち切る

* **逆位置** * 　回復、再生、考えを変える、心機一転

memo

第1章

XIV 節制　TEMPERANCE
（テンペランス）

このカードを見て、感じたことを教えてください。

優しそうな天使ですね。カップの水を移しているように見えますが、水をこぼさないように、ゆっくり集中して行動しています。

白い洋服は、純粋や無欲を感じます。水を移すためには気持ちのバランスを保たないとこぼれてしまいます。

このカードは節制です。安定、調整、倹約等の意味があります。

長い道の先に、太陽が見えます。
これは、長い時間を掛けて努力すれば成功するように思えます。

あなたは、どう感じましたか？
ノートに書きましょう。

白い衣を着た天使が両手のカップに水を移しています。
カップからカップへ水をこぼさず移すには、急いで移すより、
慎重に少しずつ行動した方が上手くいくはずです。
平常心でいる方が、気持ちのバランスが取れるので、
白の衣と一緒に考えれば、純粋を感じると思います。
小アルカナの時、お勉強しますが、カップ、水は、愛情、友情を表しています。

この天使は、足を綺麗な水に入れています。

それはまだ始まったばかりの愛情を想像できませんか？
この天使は、恋人たちのように派手さはありませんが、
優しさや努力を知っているように見えませんか？
それから、倹約、貯金等も連想できると思います。

連想すると、

正位置 　少しずつ、倹約、貯金、バランス、友情から愛情へ気持ちが移る、節度、集中、焦らないこと

逆位置 　節度を失う、愛情が少しずつ冷める、無駄遣い、焦る、バランスが崩れる、冷え性

memo

第1章

悪魔　DEVIL
(デビル)

このカードを見て、感じたことを教えてください。

動物の角を生やした悪魔が、裸の2人を支配しています。

暗闇の中で、裸の男女が悪魔に見守られて会っているのは、不倫や正しくない交際を感じます。

このカードは悪魔です。欲望、不純な交際を表しています。

首に掛かっている鎖は穴が大きいから、取ろうと思えば取れるのに、それをしないのは、居心地が良いのだと思います。2人の頭に小さな角が生えてきているのは、悪魔の言葉に洗脳されて、このままが一番良いと思っています。

あなたは、どう感じましたか？
ノートに書きましょう。

山羊の角を持ち、コウモリの羽と鋭い爪を持った悪魔が、
暗闇の中で目を光らせています。
悪魔の前には、裸の男女が首に鎖を巻かれて立っています。
よく見ると、2人の頭には小さな角が生えて来ています。
また、首に巻かれた鎖の穴は、十分抜こうと思えば、抜けるほど緩やかなはずなのに、
それを実行しないのは、悪魔の言葉に信頼を持っているのかもしれません。
このモチーフは、怪しげな教祖に洗脳されて、

満足している信者たちの連想もできませんか？
この鎖に焦点を合わせて考えてみましょう。
正位置では、この場所が嫌いではなく、むしろ満足しています。
逆位置は、鎖を外したくなります。
鎖の持ち主は、悪魔です。このカードは、どこかで見たような気がしませんか？
そうです。Ⅵ 恋人たち のモチーフに似ています。
ただし、太陽と暗闇の違いがあります。
『恋人たち』のカードは、明るい場所で堂々と交際したり、知人に紹介できる2人ですが、
『悪魔』のカードは、夜、こっそりと誰にも内緒で会う2人です。
よく見ると、悪魔の下腹部は毛で隠されていますから、男か女かも不明です。

連想すると、

※ **正位置** ※　悪い遊び、誘惑、不倫、体だけの交際、欲望、本能、暴力、曖昧な態度、詐欺

※ **逆位置** ※　腐れ縁を断ち切る、自由になれる、甘い誘いを断る、我に返る

memo

第1章

XVI　塔　TOWER
（タワー）

先生
これのカードを見て、感じたことを教えてください。

ケイコ
地震でしょうか？　人がパニック状態になっています。

雷が直撃したので、急に起こったことに驚いています。この屋根は王冠でできているから、それが飛ばされたと考えると、プライドを傷付けられたショックかもしれません。

陽平

さやか
このカードは塔です。ショック、アクシデント、崩壊と復活を意味しています。

真っ暗の中、急に雷が落ちたら、どうしたらいいのかパニックになると思います。それと暗闇の中に、黄色の点々みたいなものが沢山あるけど何ですか？

ゆかり

あなたは、どう感じましたか？
ノートに書きましょう。

周囲は真っ暗闇の中、とつぜん閃光が走ったと思った途端に、
雷は一軒の建物の真上に落ちました。
屋根は飛び、人々は予期しない出来事でパニック状態になっています。
雷が落ちた場所からは、そのショックで火災も起こっています。
建物が会社と想像すれば、ある日突然、会社が崩れた→倒産、
古い建物が壊れていることを想像すれば、築き上げた古い秩序が壊される、
屋根の王冠が、すっ飛んでいることは、プライドを傷付けられる。

66

また、この建物の形は、男根をアルカナとして描いているのであれば、
その先が吹っ飛んでいるなら、ニューハーフ、子種が無い等、思い浮かびませんか？
正位置は、この建物に雷が落ちた時期、
逆位置は落ちた後のものを想像してみましょう。

連想すると、

* 正位置 * 　災難、突然の変化、SEXに自信がない、
　　　　　　古いしきたりが終わる、リストラ、倒産、自然災害、事故

* 逆位置 * 　古いものは崩れガレキの中から新しい考えが出る、
　　　　　　解放、解散、大難が小難で済む

たとえば、病院で3人の患者さんが亡くなりましたが、死因は何でしょう。
カードで感じたことを教えてください。

ワイワイ、ガヤガヤ。

決まりましたか？
それでは、皆さんの意見を教えてください。

①は死神のカードです。死神が迎えに来たと考えれば、長く入院して少しずつ弱っていったか、老人で寿命が終わった自然死です。

②は悪魔のカードです。夜に遊び回って養生をしなかったことが原因で、例えば、糖尿病、アルコール中毒、下半身の病気等、じわじわ悪化し亡くなります。

第1章

皆さん

③は塔のカードです。急に病状が悪化したり、事故等、または、思いも掛けない…例えばガンで、痛みが無いために気付かず、気付いた時は手遅れになっていて、手の施しようがない状態だった、そんな原因です。

他に意見はありませんか？

皆さん

ありません。

あなたは、どんな読み方をしましたか？
ノートに書いておきましょう。

memo

memo

第1章

星　STAR
（スター）

先生
このカードを見て、感じたことを教えてください。

ケイコ
裸でいるのは、何も隠していない純粋さで、何かを考えているように思えます

小さな星が7つ、大きな星が1つありますが、これは金星と北斗七星ですか？　星に願いをしていますが、欲張らず1つだけ叶うみたいに思えます

陽平

さやか
このカードは星です。
希望、願いが叶う、素直さの意味があります

どこか田舎の露天風呂に入ってくつろいでいるんじゃないですか？　遠くの木に鳥がとまっているから、自然の中にできている温泉みたいなところを感じます

ゆかり

あなたは、どう感じましたか？
ノートに書きましょう。

若い女性が水辺でひざまづき、両手に持っている壺からは水が流れ、
地面や水辺を潤しています。
空には星が輝き、女性は裸のまま作業を続けています。
壺の水はいくらでも流れ、その清らかな水のお蔭で木々は育ち、
水辺の水は枯れることなく潤っています。
遠くの木の上に鳥がとまっていることに気付きましたか？
象形文字で、木に鳥（隹）がとまっていると、集（あつまる）と読みます。

夜、お酒、飲物のあるところは、人が集まる場所で、
素直な気持ちで願えば、それは叶うと閃けば、
飲み会、合コン、パーティ、二次会等で、
素敵な人との出会いがあるとも読めませんか？
水は、愛情、感情を表していますから、
裸でひざまずいている姿は、素直な気持ちで願いが叶うことを祈っていれば、
希望が手に入る気がします。
また、この姿勢は目立つのではなく、謙虚な態度を取ることで、
信頼や良い評価を得られると思いませんか？

連想すると、

* **正位置** 希望、謙虚、未来に明るい兆しが見える、願いが叶う、
回復、夢見る恋愛、満足、与えられたチャンスを受け取る

* **逆位置** 失望、衰える容姿、不満、でしゃばり、素直になれない、
先が暗い、洞察力が鈍い、
チャンスが来ても不安や自信の無さで取り損なう

memo

第1章

XVIII 月 MOON
（ムーン）

先生
このカードを見て、感じたことを教えてください。

ケイコ
お月様が何だか悲しそうに見えます。
何か心配事があるのでしょうか？

犬たちが、月に向かって吠えているように見えます。月が怪しいと思っているのでしょうか。

陽平

さやか
これは月のカードです。意味は不安、胸騒ぎ等があります。

救急車やパトカーがサイレンを鳴らして通ると、犬が遠吠えするでしょう。あれは、きっと怖いのだと思うわ。

ゆかり

あなたは、どう感じましたか？
ノートに書きましょう。

狼と犬が月に向かって吠えています。
ザリガニは本来、水の底で生活しているはずなのに、
地面に上がって来ているのは、何か異常を感じているのでしょうか？
この3匹が何の話をしているのか想像してみましょう。

（ザリガニ） うるさいな！　何を吠えているんだよ。

おい！見てみろよ。何だかでかい化け物が2匹、こちらを襲おうとしてるぞ。正体が分からないから、不安で仕方がないんだ。　（狼、犬）

ここで月の光に焦点を合わせて考えてみましょう。
正位置は、三日月の光。
逆位置は、満月の光と想像してみましょう。

三日月の光は暗く、照らす範囲が狭いので、
何物か分からない２つの影に対して、不安を感じ騒いでいます。
逆位置になると、満月になるので、光は明るく広範囲を照らします。
正体不明だった影も、化け物ではなく建物だったと分かります。
『なんだ、よく見てみろよ。化け物ではなく、建物じゃないか。ヤレヤレ』
ザリガニは、池の底に帰り、犬と狼も原因が分かって一安心します。
月は、女性を表しており、建物の間に浮かんでいることから、
『２人の間に母がいる』とも考えられませんか？
気が付きましたか？　このカードは逆位置（リバース）のほうが良い意味を持ちます。

連想すると、

- ✺ **正位置** ✺ 　胸騒ぎ、母の問題、曖昧、原因が分からない、
　　　　　　　　不安が消えない

- ✺ **逆位置** ✺ 　考え過ぎ、原因が分かって気持ちが楽になる、
　　　　　　　　本当のことが分かる

memo

太陽　SUN
（サン）

このカードを見て、感じたことを教えてください。

白い馬に乗った赤ちゃんが、楽しそうに走って来ます。何か良いことの誕生がある気がします。

死神のカードの時も、白い馬が出ていましたが、神様のプレゼントだと説明された気がするので、この赤ちゃんも、神様からのプレゼントならば、待ち望んだ出産なんて、どうでしょうか？

このカードは太陽です。
幸運、成功、結婚などの意味があります。

それなら、仕事も結婚も上手くいくと読んで良いんですよね？　超ラッキーなカードじゃない？でも、逆になった時、ちょっと厳しい状態になりませんか？

あなたは、どう感じましたか？
ノートに書きましょう。

サンサンと輝く太陽の下に、
神からいただいた旗と白馬に乗った健康そうな赤ちゃんがいます。
きっと、この赤ちゃんは、皆に期待され、
待ち望まれていた誕生だったのでしょう。
これを仕事で考えれば、新しい企画、計画が認められ成功すると
考えられませんか？

では、恋愛ではどうでしょう？
明るい太陽のもと、皆に祝福されて認められた結婚と思いつきませんか？
逆位置になると、正位置のバランスが崩れます。想像してみましょう。
待ち望んだ出産→望まない出産。望んでいたことが壊れる→死産。
太陽が沈む→上手く行っていたことが失敗する。

連想すると、

- **正位置** 成功、幸福、結婚、出産、チャンスを掴む、皆に認められる
健康、目的達成、自由、安泰

- **逆位置** 流産、死産、計画が流れる、失敗、離婚、婚約破棄、
健康に影が差す、チャンスが掴めない

memo

第1章

XX 審判 JUDGEMENT
（ジャジメント）

先生: このカードを見て、感じたことを教えてください。

ケイコ: 水に浮かんでいる舟のようなもので、多くの人たちが流れています。皆さん、天使を見て手を広げていますが、何をしているのでしょう？

陽平: この人たちの体の色が、肌色でなく青白いのは死んでいるからですか？
あ！ もしかして、舟ではなくて棺桶に入っていたのでは？

さやか: このカードは審判です。再生と復活、よみがえりの意味があります

ゆかり: この人たち、棺桶から立ち上がっているのは、生き返ったので、天使にお礼を言っているのではないかしら？ 棺桶のふたが閉まることは、過去にふたをして……と感じます。
それで天使が笛吹いて、新しい命をくれて生き返って、新しい人生をやり直す、過去を忘れて未来にステップアップする……なーんてね。

あなたは、どう感じましたか？
ノートに書きましょう。

大天使の笛の音に、箱に乗った青白い人々が天使に向かい、手を差し延べています。
この人たちは、何に乗って何をしているのでしょうか？

今まで出て来た人物は、ほどんどが肌色をしていました。
ただし、死神の騎士だけは骸骨で、骨のため色は青白かったことを覚えていますか？
そうです、この人たちが乗って流されている乗り物は『棺桶』です。
では、何をしているのでしょう？
普通、棺桶は死人が入るものですね。その蓋が開いて棺桶に横たわった死人が、
天使の笛のお蔭で生き返り、生まれ変わって現世に戻ったと
考えられませんか？
また、死んだ人が生き返る意味で、再生、やり直し、
改革や変化もイメージがわくと思います。
生き返るイメージで、再出発、再婚、再就職等、２度目もイメージされます。

連想すると、

- **正位置** 　審判をくだす、過去に別れを告げステップアップする、
　　　　　　　再会、再就職
- **逆位置** 　過去の未練を断ち切れない、離婚、不採用、
　　　　　　　迷いで前進できない

memo

第1章

XXI 世界　WORLD
（ワールド）

先生
このカードを見て、感じたことを教えてください。

ケイコ
天使が楽しそうに、空でダンスを踊っています。このカードは、運命の輪と似ている気がします。

最後のカードだから、終わりとか完成だと思います。天使が踊っているから、その結果はきっと上手く行っていると思います。

陽平

さやか
このカードは、世界です。完成、完璧、満足の意味があります。

もしかして、この葉っぱでできた輪は、天使が通れる三次元と四次元の入り口だったりして。お母さんのお腹の羊水の中も、0から子供ができる神秘性を持っているから、これが最後のカードなら、愚者だって1より前に、まだ生まれる前の痛さを知らない子なら、世界から愚者に繋がっていると考えられませんか？

ゆかり

あなたは、どう感じましたか？
ノートに書きましょう。

さあ！　このカードが大アルカナで最後、22枚目のカードです。
天使が楽しそうにダンスをしています。
その手には2本のバトンを上手に操り、バランスを保っています。
月桂樹のアーチを出たり入ったりして、楽しそうに踊っています。

78

このアーチは、もしかしたら三次元と四次元の出入り口かもしれません。
それは、母の胎内の羊水の中で楽しんでいるようです。

覚えていますか？　愚者のカードは No.0 です。
1より前のカードは、まだ生まれていない、汚れも恐れも知らない胎内の子供とすれば、最後のカード（世界）は、輪廻転生、この世はくるくる回っているのです。
0から旅をした愚者は、ⅩⅩⅠの世界で完成します。そしてまた、0に戻ります。
ゴールはスタートであり、スタートはゴールを目指します。

最後のカードですから、完成、完璧を感じませんか？
また、Ⅹ 運命の輪 のカードに似ていることが、空を飛んでいる輪として、飛行機旅行を感じるでしょう。

連想すると、

- **✶ 正位置 ✶**　　完成、満足する結果、外国旅行、パーフェクト、目標達成、
　　　　　　　　　新しい未来へのスタート

- **✶ 逆位置 ✶**　　未完成、満足なはずなのに何かが不足している気がする、
　　　　　　　　　無理に完璧と思い込む

皆さんと楽しみながら、22枚のカードのお勉強が終わりました。
このカードを使って、いくつか実践の練習をしてみましょう。

その前に、覚えていますか？
最初の授業の時、好きなカード、嫌いなカード、気になるカードを、
書いていただきましたね。
改めて、そのカードを見てください。
そして、なぜそうなのか、感じた意味の内容を考えていただければ、
書いた理由が解るはずです。

実践の練習を始める前に、基本的なカードの扱い方をご説明します。

カードを扱う時の基本動作

1. シャッフルする

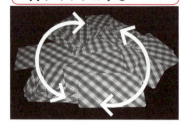

広げたカードを両手で、グルグルかき混ぜます。特に方向は決まっていません。占いの内容を思いながら気の済むまで混ぜましょう。

2. パイル（山）にする

シャッフルしたカードを1つの束にまとめましょう。

3. 三等分にしてもどす

①上から2/3を上に移動

③上の束を真ん中の束に重ねる

②上の1/2を下に移動

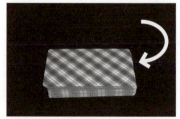

④真ん中の束を下に重ねる

4. 上下の位置を位置を決める

カードを縦にして、上下を決めます。1人で占う場合は、自分で上下を決め、クライアントがいる場合は、どちらを上にして読むか決めてもらいましょう。決めた上の位置を自分にとっての上、向かい合ったクライアントからは逆にしてから始めます。

※カードの開き方

少し浮いている下方向が手の位置です。
(本を開くように左から右へ)

正しい開き方
横に回転させます。

間違った開き方
上に回転させます。
元のカードと上下が逆になります。

以上が、タロット占いをする時の基本的な動作です。
始める時に、必ずすることなので、正しい方法で覚えましょう。

実践練習

✳ シングルスプレッド　または、ワンオラクル　（1枚引き）

①基本動作の1〜4までする。
　山に手を乗せて扇形に開く。

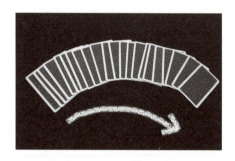

②質問の答えを、1枚選んで抜き取り、カードを開く。

③選んだカードの閃きを大切にして、
　カードから感じたことを質問の答えとする。

例題

Q.1　現在勤めている会社で上手く行くか？

出たカード：太陽　逆位置
答え：会社に対し、不満を持っている。昇給は難しい。ミスに注意。

Q.2　健康について。現在不調だがどうか？

出たカード：月　逆位置
答え：ストレスや先の不安が原因のようです。
　　　前よりは良くなっていませんか？　もっとリラックスしましょう。
　　　冷えや夜更かし、気持ちの落ち込みに注意しましょう。

Q.3　今週、友人たちと旅行に行きますが、どうでしょうか？

出たカード：魔術師
答え：新しい出会いや、発見があり、楽しい旅行になりそうです。

✻ スリーカード

授業中、3枚のカードを使って、占いごっこをしたことを覚えていますか？
その応用で、3枚のカードで質問の答えにしましょう。

①基本動作の1〜4までする。
②上から6枚捨て、7枚目を①の場所に置く。
③さらに、上から6枚捨て、7枚目を②、同様に③にカードを置く。

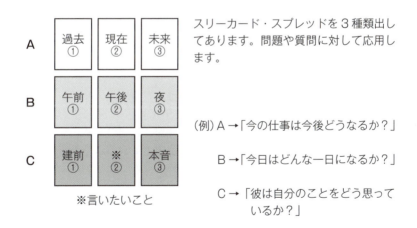

質問者の問題を解決させるために、
どの方法を取るかは、あなたの勘と閃きにお任せします。

スリーカードの応用として

✳ 二者選択法　AかB、どちらを選んだら良いか？

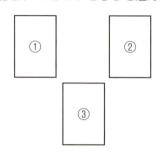

①、②は選択肢です。
クライアントに決めてもらいましょう。
③は、クライアントの本音、またはアドバイスです。
選んだカードの良い方が、おススメとなります。

例題

Q.1　A　お笑い芸人に憧れてなりたいと思っているが、上手くいくか？

出たカード：①過去　愚者　逆位置　②現在　魔術師
　　　　　　③未来　女教皇　逆位置
答え：①自分の夢を掴もうと憧れていますが、足元の準備が甘いようです。
　　　②やる気十分で、始めるなら今だと思っているようです。
　　　③勉強不足です。このままでは、売れるのは難しそうです。

Q.2　B　今日はどんな一日になりますか？

出たカード：①　法王　②　戦車　③　隠者
答え：①午前中は、穏やかな時間が過ごせそうです。
　　　②午後からは、仕事や行動することで忙しくなります。
　　　　勇気や決断が必要となる問題が起こりそうです。
　　　③夜は、昼間の疲れが出て、一人でゆっくりしたくなります。

Q.3　C　気になる人がいます。彼は私をどう思っていますか？

出たカード：①　正義　②　女帝　③　節制
答え：①建前　頭の良い、ハッキリしている女性だと思っています。
　　　②言いたいこと　もっとゆとりを持って、女性らしさを出せば素敵な
　　　　のに。
　　　③本音　焦らずに少しずつバランスを保ちながら、お互いのことを知
　　　　りたい。

Q.4　二者選択　友人から、共同で新しい事業をやらないかと
　　　誘われているが、やった方が良いか、断った方が良いか？

出たカード、答え：本人　月　不安、先が見えない。
　　　　　　　　　やる　太陽　逆位置　思い通りにいかない。
　　　　　　　　　断る　皇帝　共同ではなく、自分一人でやった方が良い。
　　　　　　　　　　　　　　　独立、独歩。

◎本人の不安な気持ちと、太陽Rと皇帝を比べれば、皇帝の方が良いカード。
　したがって、この場合は断った方が良い。

85

✳ 3つのお願い

このスプレッド法は、質問者が3種類の質問を持って来て、
同時に短時間で答えて欲しいと依頼されたとき等、便利に使えます。

①基本動作の1～4までする。
②上から6枚捨て、7枚目より、続けて3枚置きます。

③残ったカードは、手元に重ねておきます。
④クライアントに3つの質問に対し、それぞれ気になるカードを選んで
　もらいます。（例えば、仕事、恋愛、お金等…）
⑤1枚ずつ開き、カードの答えを説明します。
⑥出したカードで、リバースや説明が難しいカードの時は、残ったカードを
　上から6枚捨てて、7枚目からアドバイスカードに使います。

例題

仕事　：　宙ぶらりん、辞めたくても次を探していない。
恋愛　：　過去の未練が捨てられなくて、前に進めない。
お金　：　夜遊び、悪い友人との腐れ縁を切り、見栄や無駄遣いを止めること。

アドバイスカード

仕事	恋愛	お金
戦車	魔術師	節制

仕事　：　やる気と行動力を持つこと。
恋愛　：　過去を忘れ、新しいスタートのチャンスを逃さないこと。
お金　：　少しずつでも、貯金する努力をすること。

大アルカナのお勉強中に「占いごっこ」で練習しましたね（p55）。その応用です。

memo

皆さんと楽しみながら授業を始めて、
いつの間にか大アルカナ22枚をクリアーしていることに気付きましたか？

家に例えれば、大アルカナは、家の骨組みだと思います。
基礎をしっかり組み合わせていれば、丈夫な家が出来上がります。
しかし、このままでは、物語の説明をするには、
不足しているものがあると思いませんか？

家の骨組みが、しっかりしているだけでは駄目です。窓やドア、カーテン等、
細々したものが揃っていけば、家はハウスでなく、ホームとして魂が宿ります。

魔術師のテーブルの上に、並べられていたものを覚えていますか？
棒、カップ、剣、金貨。
そうです、物語を説明するために必要なものばかりです。
この使い方で説明は分かりやすく、納得できるものになると思います。

もちろん、大アルカナをここまでクリアーできたあなたには、
楽な作業ですし、興味の出て来る授業になると思います。

大アルカナに小アルカナが加わると、カード以外の解釈も出て来ます。
例えば、この物語には大アルカナが多いのか、小アルカナが多いのか。
逆位置が多いのか、正位置が多いのか。
小アルカナのワンド、カップ、ソード、ペンタクル、どの種類のカードが多いのか。
カードの説明に入る前に、その方の心にあるもの、本音を知ることができます。

ワクワクしながら、楽しみながら、わたしに着いて来てください。
大小アルカナをクリアーした時、授業前のあなたと、
理解できたあなたの違いを比べてみてください。

78枚が揃えば、実践法が何種類もできます。
その日を楽しみな目標にして、マイペースでお勉強を始めましょう。

memo

memo

第2章

小アルカナ

小アルカナについて

大アルカナのお勉強が終わった時に、
小アルカナのことに少しふれておきましたが、覚えていますか？

まず、タロットカードの数は全部で78枚あります。
その中にお勉強の済んだ、大アルカナが22枚。
これからお勉強する、小アルカナが56枚あります。

さらに、小アルカナ56枚は、数カード（1～10）が40枚、
コートカード（宮廷、人物カード）が16枚、
以上に分かれています。

例えば、家を作ったとすれば、大アルカナは家の骨組みで、
要所をしっかり押さえます。

小アルカナは、大アルカナで出来た家に、窓を付けたり、
テーブルや生活に必要なものを運んで、ハウスからホームに変化させます。

大アルカナだけでは理解しきれない物語の部分に、
小アルカナの細かな意味を加えることで、説明に厚みが出て、
物語が生き生きして来ます。

小アルカナは、ワンド、カップ、ソード、ペンタクルの数カード（1～10）
同じく、ワンド、カップ、ソード、ペンタクルのコートカード（王子、騎士、
女王、王）に分かれています。

ワンド（火）	計画、アイディア、仕事、目標、願望
カップ（水）	愛情、感情、家族、恋人、第六感
ソード（風）	争い、攻撃、手術、情報、行動、知性
ペンタクル（地）	金銭、不動産、現実、物質、土地

コートカードは、数カードをクリアした時に、改めて説明します。

大アルカナのお勉強中、生徒さんからこんな質問がありました。

「正位置は良いカード、逆位置は悪いカード、と習いましたが、正位置のほうが悪いカードもあるのですか？」

答えは、YESです。カードの意味でそうなることも覚えておきましょう。

カードそのもので見ると、正位置はその答えに「YES」、逆位置は「NO」ですが、カードの意味を考える時には、その先生の解釈の方法で変わることもあります。とはいえ、まずはあなたが、どうひらめいたかを大切にして、カードの意味に枠を付けないで考えましょう。

（例）「月」「死神」「塔」「吊られ人」「悪魔」

小アルカナにも、同じように意味の違いのあるカードが何枚もありますから、そのカードに出会った時に皆さんと考えながら理解していきましょう。

memo

第2章

ワンド 1

先生: この棒は、生きていますか？死んでいますか？

さやか: 生きていると思います。

どうしてですか？

さやか: 棒の先に若葉が出ているからです。

陽平: それに 1 はスタートだから、これから始まるから生きています。

では、スタートなら、このカードはどんなことのスタートですか？

ゆかり: 仕事とか計画、アイデア、目標の始まりです。

ケイコ: 何か新しいことをしてみたいという野望のスタートでも良いですか？

あなたは、どう感じましたか？　ノートに書きましょう。

1本の棒が立っています。その先には若葉が芽吹いています。
この棒は死んではいません。若葉の新しい生命を受け、これからスタートします。
ワンドは『火』の要素を持っていますから、活動や挑戦、目標に向かって行動します。
別名「仕事、行動、アイデア、交際の始まり」

連想すると

* **正位置** 　スタートが上手くいく、野望を満たすため実行して上手くいく、
　　　　　　新しい仕事や企画が上手くいく、思い切って行動する

* **逆位置** 　出発したいのに自信がない、スタートのタイミングを
　　　　　　逃し失敗する、様々な問題が付きまとうスタート

例えば、
仕事についての答えに、このカードが出たら、どんなアドバイスをしますか？

* **正位置** 　新しいことを始めるのに良い時期です。
　　　　　　思い切って始めましょう。

* **逆位置** 　やる気がないならば、無理に動かない方が良いです。

それでは、恋愛についての答えはどうですか？

* **正位置** 　気持ちの合う、良い出会いのようです。

* **逆位置** 　迷っているのなら、お断りしましょう。

memo

ワンド　2

何をしていますか？

左手に棒を持って地球儀を見ているから、きっと大きな仕事や企画を考えていると思います。

1人でその大きな仕事は無理と思っても、右側にもう1本棒があるから、パートナーが現れます。

地球儀が自分の仕事や企画なら、それを持って遠くを眺めているのは、一緒に行動する相棒を待っているのかも。

隣の棒に気が付けば、1本なら片寄っても、2本ならバランスが取れて上手くいきます。

あなたは、どう感じましたか？　ノートに書きましょう。

1人の男性が棒を片手に、また地球儀を見ながら考えているように見えます。彼の服装は、決して貧しくなく、過去には、いくつかの仕事を成功させているかもしれません。
今、新しい企画、仕事などを考えています。
ただし、今までは1人でできたことが、今度は地球儀を眺めていることで、1人では無理な大きな仕事であることが連想されます。
『こんな時、自分に協力してくれる、良いパートナーがいてくれれば成功できるのでは？』
右側にある棒は、そのパートナーの出現と考えてみましょう。
別名「支配と計画の壮大さ」

連想すると、

- **正位置** 良き協力者、理解者との進展、安定した状態、大きな理想、波に乗って上手くいく、相棒

- **逆位置** 協力者や相棒ができない、バランスが崩れる、目標達成の可能性がなくなる、支配に陰りが見える

例えば、
仕事についての答えに、このカードが出たら、どんなアドバイスをしますか？

- **正位置** 良き相棒として、同じ考えを持つ協力者となります。

- **逆位置** 企画、アイディアで、気の合わないところがあるかもしれません。

それでは、恋愛についての答えはどうですか？

- **正位置** 気の合う相棒、親友になれます。

- **逆位置** ラブ（LOVE）よりライク（LIKE）の間柄に考えられます。
（恋愛関係になるのは難しい）

memo

ワンド　3

先生：何をしていますか？

陽平：過去に向いて何かを考えています。

ケイコ：何だか楽しそうに見えます。空に向かって飛んでいきたい。

さやか：これは希望というカードで、純粋な願いや大きな期待を持っているのです。

ゆかり：あの人の見ている方向から、期待しているものがやって来るとか。

あなたは、どう感じましたか？
ノートに書きましょう。

1人の男性が、黄金色の背景を見ながら、何かを期待して待っています。
もし、この男性の目線の先が海ならば、大漁の旗を揚げた船が戻って来るでしょう。もし、仕事仲間が欲しいのなら、その希望は手に入るでしょう。
このカードの背景が全体的に黄色なのは、正位置も逆位置も同じ意味だからです。強いて言えば、正位置の希望はすぐに実行できるが、逆位置は叶えられるけれど時間が掛かることになります。

別名「希望」

連想すると、

* **正位置** 　期待や希望していたことが手に入る、問題は解決する

* **逆位置** 　希望を叶えたり、解決するには時間が掛かるが、やがて訪れる

例えば、職探しについて、このカードが出たら、どんなアドバイスをしますか？

* **正位置** 　やがて期待している会社に決まる。

* **逆位置** 　内定の返事は遅れているが、諦めないでもう少し待ってみましょう。

それでは、恋愛についての答えはどうですか？

* **正位置** 　楽しい友人関係から始めることで、相手は良い返事をくれます。

* **逆位置** 　少し答えは遅れるかもしれませんが、やがてYESと答えます。

memo

第2章

ワンド　4

先生：何をしていますか？

陽平：外にテントを張って、アウトドア的な集まりをしています。

ケイコ：お城の前で、花束を持った人たちが呼んでいます。

ゆかり：ステキ！　結婚式かしら？

さやか：家の中ではなく、レストランや野外でリラックスできるカードです。

あなたは、どう感じましたか？　ノートに書きましょう。

4本の棒の上には、草花で屋根が作られています。
遠くで男女が花束を振りながら、私たちを招いています。
きっと、あのお城の中でパーティが開かれて、楽しんでいるのでしょう。
背景は、ワンド3と同じく全体的に黄色です。
現在が安定して満ち足りた、精神的にもリラックスができるカードです。
正位置がリラックスできるカードなら、逆位置はできないのではなく、時間が少し経過してからリラックスできるカードとなります。
別名「実現、リラックス」

連想すると、

✺ 正位置 ✺　良い休暇、精神的リラックス、パーティ、合コン、同窓会、
　　　　　　　幸福、旅行、気楽な人間関係

✺ 逆位置 ✺　正位置と同じ意味だが、すぐにではなく、少し時間が掛かる

例えば、
今夜、パーティがあるのですが、どうでしょう？
と質問されたら、

✺ 正位置 ✺　始めから、和気あいあいして、リラックスできる楽しい会に
　　　　　　　なりますよ。

✺ 逆位置 ✺　始めは、少し緊張したり、つまらなく感じるかもしれませんが、
　　　　　　　時間が経つにつれ、楽しい満足のいく会になります。

memo

　

第2章

ワンド 5

何をしていますか？

皆が棒を持ってケンカをしています。

赤い服が1人で、黄色が4人いるから、1対4で戦っています。

これは対立のカードです。
意見のぶつかり合いです。

1対4では分が悪いかもしれないけど、お互いが賢明に話すことで、例えば、赤と白なら足してピンクで。という折衷案が出れば良いのに。

あなたは、どう感じましたか？　ノートに書きましょう。

中央に赤い服の男性がいます。その人を取り囲むように、4人の黄色の服の人たちが戦っています。
きっと意見の相違で対立したのでしょう。
普通、1対4では勝てないと思いますが、赤色の服を着た男性は、
ひるまずに自分の意見を理解してもらおうと頑張っています。
ケンカではなくコミュニケーションを取りながら、前向きな行動をすることで、ある程度の問題は解決できます。
別名「対立」

連想すると、

✳ **正位置** ✳　対立、前向きな行動による成功、話し合い、
　　　　　　　良い意味での競争、改革、葛藤、バイタリティが必要

✳ **逆位置** ✳　不和、ケンカ、訴訟、自分の意見や立場が認められない、
　　　　　　　相手にされない、1対4なのでボコボコにされる

例えば、
今の会社のやり方が少し違う気がして、自分の意見を話してみようと思うが
どうか？
と質問されたら、

✳ **正位置** ✳　始めは反対されたり、ぶつかっても、あなたが正しいと思う
　　　　　　　なら、頑張って話し合いましょう。
　　　　　　　やがてお互いが譲歩して、中間の意見でまとまります。

✳ **逆位置** ✳　このままでは、誰もあなたの意見を聞いてくれるどころか、
　　　　　　　相手にされません。
　　　　　　　ケンカになっても今のところ、あなたは不利なようです。

memo

第2章

ワンド 6

先生　何をしていますか？

陽平　戦争で勝って帰って来たのかな？　棒の先に飾られているのは、月桂樹の輪。それは、勝利に使うものだから。

ケイコ　白い馬に乗った隊長さんの指示に、部下が素直に従ったから勝てたのですね。

さやか　勝利のカードです。前進、良い知らせなどの意味です。

ゆかり　列がちゃんとしているから、上司と部下の気が合っていると思います。

あなたは、どう感じましたか？　ノートに書きましょう。

白い馬に乗った上司が、部下とともに勝利を得て堂々と凱旋しています。
部下たちも上司の考えに素直に従って、勝利を喜んでいます。
でも、もし、この馬が急に暴れて上司を落としたと考えるとどうでしょう？
部下たちは『馬の上にいたから、上司として従っていたが、
落ちてしまえば同じ高さだ』と、普段の不満をぶつけ始めます。
馬から落ちた上司は『こんな筈ではなかったのに』と困ってしまいます。
ワンド5の意味に似ているところがありませんか？
別名「勝利」

棒の先の月桂樹の輪は、仕事、企画の成功を示しています。上司も部下もチーム全体が一つとなり満足していますが、逆位置になると、月桂樹の輪は外れ

て地面に落ち、チームワークが崩れるとともに、普段から我慢していた部下たちの不満が一気に上司に向けられボコボコにされ、上司は自信を失い、敗北を認めるのです。

連想すると、

* 正位置 *　　勝利、進歩、昇格、何かを成し遂げる、良いニュース、
　　　　　　解決、思い通りの良い結果

* 逆位置 *　　スランプ、悪い知らせ、仕事における裏切り、
　　　　　　失敗、誰も付いて来ない

例えば、
彼女に交際をして欲しいと頼むつもりですが、どうでしょう？
と質問されたら、

* 正位置 *　　相手もあなたの申し込みを待っているようです。
　　　　　　良いお返事が期待できます。

* 逆位置 *　　お互いの気持ちにズレがあるようです。
　　　　　　コミュニケーションを、もっと取ってからにしませんか？
　　　　　　期待外れになるかもしれません。

memo

第2章

ワンド 7

先生： 何をしていますか？

陽平： 1対6で戦っています。数は1人ですが、彼は皆より少し高い場所から相手の動きを見て応戦しているので、有利です。

ケイコ： 1人で自分の考えを理解してもらおうと戦っているのでは？ 勇気ある行動だと思います。

さやか： 有利な立場のカードです。この人が1人で戦えるのは、条件が他の人より有利なものがあるからです。

ゆかり： 先生！ワンド5、ワンド6は正位置では自分を理解してもらい、良い結果になりますが、このカードも逆位置はボコボコですか？

ゆかりさん、アタリです！
正位置では、有利な立場になる、他の人たちより少し小高い丘の上で戦っていた人が、その場所から転げ落ちれば、皆同じ場所になり、1対6の意見の違いで、ボコボコ……不利な立場ですね。

あなたは、どう感じましたか？ ノートに書きましょう。

一人の男性が小高い丘に足を踏みしめて、6人のライバルと戦っています。
今、自分が戦っている場所は、相手の動きが良く見える、
有利な場所にいるため、勝っています。ケンカではなく、対立している者への説得を続けているのです。

やがて、彼らは決断をすることにより、彼を認めるでしょう。
別名「有利な立場」

逆位置では、高い場所から落ちて不利な立場になったら……ボコボコです。

連想すると、

- **正位置**　有利な立場、勇気ある行動、克服できる問題、
  リーダー、困難を乗り越える、交渉、合意

- **逆位置**　不利な立場、ためらい、弱気、曖昧な返事、
  リーダーと認められない、多勢に無勢でボコボコにされる

例えば、
新しい仕事の入札に行くのだが、落札できますか？
と質問されたら、

- **正位置**　様々な情報を調べた上での入札金額で、
  それなりの自信があると思います。
  有利な条件で落札できるでしょう。

- **逆位置**　周囲の状況が分からず、弱気な行動ではありませんか？
  残念ですが、他社が落札します。

memo

第2章

ワンド 8

先生: 何をしていますか？

陽平: 人物がいなくて、棒が飛んでいます。

ケイコ: 誰かが棒を投げているのですか？

さやか: 速いスピードの良い変化という意味です。

ゆかり: じゃあ、何かが動いて速く変化ができるということですか？

あなたは、どう感じましたか？　ノートに書きましょう。

誰かが棒を思い切り投げています。
力いっぱい投げた勢いは強く、棒は速いスピードで飛んでいます。
今まで停滞していたものが動き出し、その速度は速くなります。
別名「速いスピードの良い変化」

カードの中に人物像はなく、多くの棒が飛んでいます。これはカードの外側の人が何かの変化を知らせていると考えたらどうでしょう。何ごとも状態が動かなかったことが急展開することを表し、それは良い変化を示しています。逆位置になると、良い変化が悪い変化、嫌なうわさを立てられる、等に変わります。

連想すると、

✹ **正位置** ✹　素早い進展、良い知らせが届く、移転は吉、即決、
　　　　　　　物事が速度を増して良い方向に流れてゆく

✹ **逆位置** ✹　物事が動かない、悪い噂を流される、口論、
　　　　　　　嫉妬の矢が飛んでくる、仕事の不満

例えば、
彼とケンカをしてしまいましたが、また仲直りできますか？
と質問されたら、

✹ **正位置** ✹　彼も、きっと後悔していると思いますよ。
　　　　　　　近い内に連絡がありますから、今度はケンカをしないように。

✹ **逆位置** ✹　今まであった連絡が止まってしまい、あれこれ悪い噂が気に
　　　　　　　なって、もしかしたら、浮気されているのかも……。
　　　　　　　嫉妬心が高まって、彼に連絡したくなります。

memo

第2章

ワンド 9

先生: 何をしていますか？

ケイコ: 頭に包帯をしている人が、棒につかまって考えています。

陽平: ワンドは仕事や企画を表しているから、沢山の棒は多くの仕事や問題に疲れているように見えます。

さやか: 現状維持とか結果を待つだけの意味があります。

ゆかり: この人、ケガをして、家に帰ろうとここまで歩いてきたけど、これ以上、歩けなくなって、休んでいるように見えます。

あなたは、どう感じましたか？　ノートに書きましょう。

1人の男性が頭に包帯を巻き、棒につかまり考えています。
この人の服装を見ると、貧しい生活をしているようです。
もし、この男性がひと山当てようと都へ出て、もしくは、戦争に出て出世を考えて頑張ったのだとすれば、慣れない仕事に失敗し、故郷に帰り、自分の仕事に戻ろうと、ここまでなんとかやって来ましたが、疲れと傷でこの先1人では動けそうになく、沢山の木が目隠しをしてくれるこの場所で少し休んで応援を待ち、故郷へ送ってもらおうと考えているように見えませんか？
別名「現状維持」

正位置は、今は疲れてこれから先の方法も思い付かないので、しばらくこの

ままの状態で相手の様子を見てみよう。逆位置は、考えもなく余計なことをしてどうしようもなくなる。頼りにしている味方は誰も現れない。

連想すると、

✻ 正位置 ✻　　現状維持が一番の方法、無理をせず応援を待つ、
　　　　　　　　相手の出方を見てから動く、休養

✻ 逆位置 ✻　　良い考えもないのに動いて失敗する、
　　　　　　　　応援を待てど暮らせど現れない

例えば、
病院に通っているが、なかなか治らないので、止めた方が良いか？
と質問されたら、

✻ 正位置 ✻　　お医者様は、今の状態でデータを取って、
　　　　　　　　様子を見ているようです。
　　　　　　　　もう少しこのままでいきましょう。

✻ 逆位置 ✻　　あまり熱心に診察をしていないようですね。
　　　　　　　　薬や治療に変化が無いのなら、セカンドオピニオンを求めて、
　　　　　　　　違う角度から見てもらってはいかがですか。

memo

第2章

ワンド　10

先生
何をしていますか？

沢山の棒を担いで、どこかに運んでいます。

ゆかり

ワンドは仕事、企画を表していると習った気がするから、多くの仕事を抱えているのだと思います。

陽平

さやか
このカードは、プレッシャーを表しているので、その仕事の問題がプレッシャーになっているのだと思います。

ケイコ
それでは正位置なら、プレッシャーを乗り切れて、逆位置は、プレッシャーに負けるのですか？

スゴイ！　皆さんの閃きが出て来ましたね。

あなたは、どう感じましたか？　ノートに書きましょう。

こんな想像はどうでしょうか？
この若者は上司に命令され、向こうの村まで木の棒を運ぶ途中です。
棒は肩に食い込み、何度もリタイヤしようと思いましたが、ふと、
『そうだ！全部一度に運ぼうとするから、無理なんだ。何回かに分けて運べば、時間は掛かるけれど、全部運ぶことができそうだ』と気付いて、上司の命令を成功させます。
逆位置の場合、そのことに気付かない若者は、途中で棒を放り出し、
運ぶことを止めてしまいます。

棒を抱えている問題と考えてみましょう。
別名「プレッシャー」

多くの問題を抱え込み、これをどうすれば乗り越えられるか考える。正位置なら、一度に全部するのではなくてできるところから片付けるが、逆位置ではそこに気付かないで挫折してしまう。

連想すると、

- **正位置**　プレッシャーを乗り越える、苦労を努力で乗り越える、
　　　　　　数々の問題は時間を掛けて取り組めば成功する、
　　　　　　異動、変化、計画、実行

- **逆位置**　途中挫折、当てにならない、プレッシャーに負ける、トラブル、
　　　　　　ごまかし、裏切り、失敗

例えば、
最近、公私ともに忙しく、色々な問題を抱えて困っています。
今後どうしたら良いでしょう？
と質問されたら、

- **正位置**　頑張って努力していることは認めますが、
　　　　　　このままでは、あなたが疲れてしまいます。
　　　　　　方法を少し変えてみませんか？
　　　　　　多くの問題を一度に片付けないで、区分けしてみると、
　　　　　　時間は掛かっても、全てを解決できます。

- **逆位置**　何とか一度に全部片付けようと思っているのなら、
　　　　　　途中で挫折して、雲隠れしたくなります。
　　　　　　すでに無理だと考えていませんか？

※ 第2章 ※

カップ　1

先生
何をしていますか？

マジックみたい。だって、カップの中から、どんどん水が湧き出しているから。

ゆかり

ハトがカップの中に金貨のようなものを入れています。きっと平和とか純粋を表していると思います。

陽平

ケイコ
その状態が逆位置になれば、その愛情のバランスが崩れ、重すぎたり、乾いてしまいますね。

さやか
別名が、溢れる泉のような愛ですから、純粋な愛情をいくらでも与えている様子だと思います。

あなたは、どう感じましたか？　ノートに書きましょう。

ゆかりさんが、『マジックみたい』と言われたとおり、このカップからは溢れるほどの水が出ています。水は、愛情、感情を表していますから、利害関係の無い純粋な気持ちの愛が、
心の外に向かい、流れています。
鳩は、平和のシンボルです。カップの水を飲んでいるように見えるなら、素直な気持ちでいられる、安心できる場所と思っているのでしょう。
別名「感情の始まり、溢れる泉のような愛」

連想すると、

* **正位置**　豊かさ、愛、喜び、満足、新しいスタート、愛情の始まり、良い知らせ、結婚、新しい友情、自由、愛の形成

* **逆位置**　偽りの愛、一方通行の愛、不安定な気持ち、進展しない恋愛、刺客、野心のある愛情

例えば、
彼は、わたしのことをどう思っていますか？
と質問されたら、

* **正位置**　あなたの献身的な愛情に満足して、彼も同じ気持ちで、あなたを想っています。

* **逆位置**　どこかでバランスが崩れて、重さの違いが出ています。どちらかの執着が相手を縛り、うんざりしています。

memo

第2章

カップ 2

先生　何をしていますか？

若い男女がカップを持ち、目を見つめ合っています。きっと相思相愛なんだろうな～。羨ましいです。

陽平

2人の間にライオンが羽を広げているのは、なぜですか？　だって、カップの中から、どんどん水が湧き出しているから。

ゆかり

ケイコ　わたしには、お互いのカップの交換をしているように見えますが……。

さやか　2人に愛が通い合う、または見つめ合う2人の心という別名があるので、言葉など必要ないほど、お互いを理解していると思います。

あなたは、どう感じましたか？　ノートに書きましょう。

ゆかりさんは、ライオンが気になっているようですが、大アルカナの『力』のカードにライオンが出ていましたね（情熱、欲望などをあらわしています）。ライオンの下に杖が見えますね。杖は知恵を表していますから、2人の欲望が、間の杖により、精神的なバランスがとれ、信頼に変わります。
また、翼は大アルカナの『恋人たち』の天使の翼と同じと考えれば、3枚のカードの意味が似ていると感じて来ませんか？
ケイコさんが、カップの交換に見えるのも、お互いの気持ちを察して、理解し合っていると考えれば、相思相愛に感じませんか？

116

『お互いの目を見つめ合うだけで、なんでも理解できるわ。それだけ信頼と愛情があるから』
そんな言葉が聞こえて来ませんか？
別名「見つめ合う２人の心」

連想すると、

* **正位置** * パートナーシップ、プラトニックラブ、対人関係、ＳＥＸ、友情、信頼できる仲間、相性が良い

* **逆位置** * 別離、形だけの付き合い、すきま風、口論、背中合わせ

例えば、
彼の気持ちが知りたいのですが。
と質問されたら、

* **正位置** * お互いが信頼、理解ができていますから、
言葉など要らないでしょう。
見つめ合っただけで、お互いの心が伝わっているはずです。
相思相愛でしょう。

* **逆位置** * ケンカをしたつもりはないかもしれませんが、
なんとなく二人の間にすきま風が吹いて、
しっくりいってないのでは？
修正しないと、気持ちが離れていってしまいますよ。

memo

第2章

カップ 3

先生

何をしていますか？

皆さん

先生、わたしたち、このカードで同じことを考えていました。嬉しいことや楽しいことがあって、乾杯しています。

では、質問しますね。乾杯は、どんな時にしますか？

さやか

今みたいに、皆の気持ちが一緒になった時です。

皆さん

その通りです。

あなたは、どう感じましたか？　ノートに書きましょう。

では、こんな感じ方はできませんか？
3人の女性が、何か話し合っています。
赤い服を着た女性が　『ねー、この問題、こうしたらどうかしら？』
黄色い服を着た女性が　『あら、わたしも今同じことを考えていたの』
白い服を着た女性が　『これで決まりね。わたしも同意見だから』
……乾杯しましょう！
逆位置の時、赤い服の人が　『ねー、この問題、こうしたらどうかしら？』
黄色い服の人が　『そうね……』
白い服の人が　『あら、わたしは違う考えをしているわ』
黄色の服の人が　『反対してもいいなら、わたしも違う答えを用意していたの』
これでは、乾杯できませんね。結論が付かず、ぐずぐずします。

別名「喜びごとの結論」

連想すると、

- **正位置** お祝い、悩みの解決、交流、良い結論、援助を得る、
  回復、婚約、結婚、昇進

- **逆位置** 結論が出ない、交友関係のひび割れ、協力が無い、
  婚約や結婚に邪魔が入る

例えば、
新学期になって、学校の役員を決めなければならないのですが、どうでしょう？
と質問されたら、

- **正位置** 皆さん協力的に取り組んで、やれる仕事は引き受けてくれます。
  和気あいあいの内に決まるようです。

- **逆位置** なかなか意見が合わず、決まりそうになると反対意見や
  苦情など、邪魔が入り、時間が掛かりそうです。

memo

カップ 4

先生: 何をしていますか？

ケイコ: 木の下に男性が座り、何か考えています。

陽平: 目の前に3つのカップがあるから、3人にプロポーズされているけど、どれも自分に合っていない気がして、不満に感じているように見えます。もったいないですよね。

さやか: 無いものねだりの意味を持っていますから、現状に満足できていないのではないですか？

ゆかり: 雲の中から手が出てカップを持っているのは、なぜですか？

あなたは、どう感じましたか？　ノートに書きましょう。

陽平さんの3人の女性からのプロポーズに不満を感じたのは、面白いですね。確かにカップは、愛情、感情を意味していますが、トロフィーにも見えませんか？
それでしたら、3回優勝しているのに、まだ不満を持っているとも取れますね。ゆかりさんは雲の中から出ているカップに疑問を持っていますが、雲の中から出ているカップは、目の前に並んでいる3つのカップと違い、妄想から生まれたものとして考えてみれば、こんな独り言が聞こえて来ませんか？

男　『うーん、3個か。3個では足りないなー』
雲　『ダンナ、ここにまだ、いいカップがありますぜ』
男　『うーん、なんだか、君がいくつ出してくれても、足りない気がするよ』

正位置は、雲から出て来る本物ではないカップをねだっているカード、
逆位置は、雲と偽物のカップは消え、男は無いものをねだって不満を言うより、今、あるもので何かをしようと、現実に気が付きます。
このカードは、逆位置の方が良い意味になります。
別名「無いものねだり」

連想すると、

* 正位置 *　　不満、欲張り、スランプ、チャンスを逃す、無駄な努力

* 逆位置 *　　現状に満足する、考え直してスタートする

例えば、
現在、求職中ですが、なかなか自分に合う仕事がありません。
と質問されたら、

* 正位置 *　あなたの希望が高すぎませんか？
　　　　　　内定しても、もっと良い条件のところがあるのではないかと、断っていませんか？

* 逆位置 *　理想や不満ばかり言っても、何もならないことに気が付いて、自分が気に入っている条件であるならば、受かったところへ勤めて、頑張ってみることで、現実に目を向けるようになります。

カップ 5

何をしていますか？

黒いマントを着た人が、悲しんでいるように見えます。

お葬式ですか？　前に流れている川を見て、ガッカリしています。

カップが気になります。3個は倒れて、2個は立っています。

失望というカードです。諦めや障害が大きくて、無理の意味があります。

あなたは、どう感じましたか？
ノートに書きましょう。

このカードに、こんな物語を想像してみたらどうでしょうか？
旅人が長い時間を掛けて、ようやく目的地が見えて来ました。
『やっと、わたしの旅も終わる。あの場所に着けば楽になる』
ところが、目的地の手前には、流れの速い川があり、道を遮断されました。
『せっかく、ここまで来たのに、諦めなくてはいけないのか。今までの苦労は、何だったのか』
そう思ってうつむいた顔を左右に振った時、
遠くに橋があることに気が付きます。
『そうだ！あの橋を渡れば、目的地に着くことができる』
旅人は、喜んで橋に向かいます。

黒いマントは悲しみや失望、諦めを表しています。
ケイコさんも、ゆかりさんも、それが気になったのではないですか？
陽平さんの気になるカップは、正位置は倒れて役に立たなくなった３個を、逆位置では、まだ役に立つ２個のカップと橋の存在を表します。
別名「失望」

正位置は「諦めてしまった」、逆位置は「もうダメと思った時に違う形で成功する考えが浮かぶ」、このカードも正位置より、逆位置の方が良いカードになります。

連想すると、

- **正位置**　行き詰まり、悲しみや後悔、諦め、人との別れ、元に戻らない

- **逆位置**　諦めかけた時にチャンスが出て来る、
　　　　　　別の方法で希望が生まれる

例えば、
彼女とケンカして別れたが、仲直りできますか？
と質問されたら、

- **正位置**　だいぶ後悔なさっているようですが、今回は少し難しいですね。

- **逆位置**　何の連絡もないので、もう半分諦めていませんか？
　　　　　　彼女も反省しているかもしれませんよ。
　　　　　　そろそろ連絡してみてはいかがですか？
　　　　　　元に戻るチャンスができるかもしれません。

memo

カップ 6

先生

何をしていますか？

皆さん

ワイワイ、ガヤガヤ……。

先生、皆で話し合ったのですが、よく分かりません。

陽平

後ろにある建物と、前にいる子供たちと、どんな関係があるのですか？

ゆかり

子供たちが花を中央にして、何を話しているのですか？

ケイコ

わたしもノスタルジーの意味とは分かっていますが、詳しく知りません。

さやか

あなたは、どう感じましたか？　ノートに書きましょう。

では、どこに焦点を当てれば良いでしょうか？
正位置は、背景の古い建物。
逆位置は、手前にいる子供たちに当ててみましょう。
古い建物は、過去の思い出を懐かしんでいる様子。
子供たちは未来を表しているので、逆位置は、古い昔を懐かしんでいるより、これから先の未来に期待すると考えられませんか？
女の子が男の子に花の鉢植えをあげているところから、『小さなプレゼントがある』と解釈する人もいます。

また、花を真ん中にして話し合っている姿は、兄妹に見えます。
別名「ノスタルジー」

正位置は田舎や静かな場所でのんびりすることも閃くでしょう。

連想すると、

* **正位置** 　友情、懐かしい思い出、ノスタルジー、
　　　　　　　気持ちがのんびりできる

* **逆位置** 　希望、新しい計画、未来への展望、新たな可能性、
　　　　　　　キャリアが認められる

例えば、
先輩は、自分のことをどう思っていますか？
と質問されたら、

* **正位置** 　昔からの知り合いとか、妹のような可愛さを感じています。

* **逆位置** 　いつまでも妹のような考え方でなく、
　　　　　　　一歩前進した、恋人に近い存在だと感じているかもしれません。

memo

カップ 7

先生： 何をしていますか？

陽平： この黒い人物は誰ですか？

ゆかり： 雲の上にある、カップの中に様々なものが入っているけれど、本物ではない気がします。

さやか： 夢想と現実のカードです。自分の見ているものが夢なのか現実なのか分からないカードです。

ケイコ： なんだか、ちょっと怖い気がします。

あなたは、どう感じましたか？
ノートに書きましょう。

ゆかりさん、どうして本物でない気がするの？

ゆかり： だって、カップの4の時、雲からカップが出て来て、「ダンナ、まだありますぜ」って偽のカップが出ていたから、これも雲の上にあるので、同じく偽物なのかな……と。

では、陽平さん、黒い人物は誰だと思いますか？

人間なら肌色ですが、真っ黒なので影だと思います。影が色々な偽物を見て驚いているのは、夢を見ているからだと思います。

陽平

皆さん、なかなか想像力が頼もしくなりましたね。その通りだと思います。
雲に乗ったものは、自分の目標や計画かもしれませんが、本物か偽物か分からず混乱して、手に取ろうとしても、現実には無理なことかもしれません。
まるで、霧の中を彷徨い歩き、何が本当で何が間違っているか分からないのが、正位置とすれば、逆位置は、雲が消えて、それと共に偽物は雲と一緒に消えて、本物だけが残り、黒い影も夢から覚めて、現実を見ることになる。
こんな説明でどうでしょう？
別名「夢想」
逆位置のほうが良いカードです。

連想すると、

- ✳正位置✳　空想、夢想、無力感、混乱、優柔不断、どれも現実的でない

- ✳逆位置✳　新しい目標や行動に向かう、計画を具体的に練る、願望、決意

例えば、
会社を辞めて、何か商売をしたいのですが。
と質問されたら、

- ✳正位置✳　先が見えないので、漠然とした考えのようですね。
　　　　　　妄想の中の考えは、危険です。
　　　　　　もう少し具体性が出るまで待ちましょう。

- ✳逆位置✳　今まで漠然としていた考えがまとまり、
　　　　　　具体的な計画を練り始めましたね。
　　　　　　慎重に行動していきましょう。

カップ 8

何をしていますか？

旅人が向こうの山に向かって歩いています。

何だか楽しそうに見えます。
空に向かって飛んでいきたい。

月が出ているから、夜でしょうね。
後姿が寂しそうです。

関心が薄れるカードです。

あなたは、どう感じましたか？　ノートに書きましょう。

それでは、ゆかりさん、この旅人はカップが8本もあるのに、
なぜ気が付かなかったのですか？

分かりませーん。

では、こんな考えをしたらどうでしょう？
正位置は月が三日月で、逆位置になると満月になっていたとしたら。
どうですか？

大アルカナの時、月のカードは、
月の光の強さで、化け物か建物か分かったので、
このカードも三日月の光がカップに届かなくて
目立たず、気が付かなかったと思います。

その通りです。カップに気が付かず、カップに背を向けているのは、
関心が薄れているからです。
別名「やる気の欠如」

ポイントは「月」。正位置は三日月の光でカップが影になり気付かないのが、逆位置では満月で光がカップを照らして存在がわかるようになり、関心が出て来ます。逆位置のほうが良いカードです。

連想すると、

* **正位置** 内気、中途で投げ出す、壁に突き当たる、やる気の欠如

* **逆位置** 関心が出て来る、目的達成、新たな再出発

例えば、
彼が私を、どう思っていますか？
と質問されたら、

* **正位置** 最近、連絡があまりないのではないですか？
交際がマンネリ化しているようで、関心が薄れているようです。新しいプランを立てましょう。

* **逆位置** 今までそっけない態度を取っていた彼が、最近、連絡をくれたり、話しかけたり、態度が変化していませんか？
あなたに関心を持っているようです。

第2章

カップ 9

何を感じますか？

バックの色が黄色だから、楽しいことや希望が叶ったのでは？

中央に太った男性が満足そうに座っています。

願望成就のカードで、ウィッシュカードです。

後ろにあるカップは、優勝カップや、愛情の数に感じます。

あなたは、どう感じましたか？
ノートに書きましょう。

さやかさんがおっしゃるように、このカードは「ウィッシュカード」といって、ラッキーなカードです。
「願いが叶って、ワッハッハ」と男性が満足そうにしています。
男性の顔は、得意気にも見えませんか？
それは、カップの数だけ勝負に勝ったからか、女性にもてたからか？
この男性の願望が思い通りになったからです。
別名「願望成就」

逆位置になると、満足しているはずなのに何か不足していることが気になります（後ろのカップが9個なので、もう1個あればと不満が出ているのかも

130

しれませんね)。うまく行っていると思っていた人間関係が自分の思い込みだったと悩んだりします。
大アルカナ「ワールド　逆位置」や「カップ４」の意味に、ちょっと似ていませんか？

連想すると、

* **正位置**　　幸運、ツキがある、満足する、自信がある、願いが叶う

* **逆位置**　　失敗、損をする、不満足、
　　　　　　　願いは叶っているのに何かが上手くいかずイライラする

例えば、
今日、彼女にプロポーズしようと考えています。上手くいきますか？
と質問されたら、

* **正位置**　　彼女は喜んで、OKサインを出してくれますよ。

* **逆位置**　　残念ながら、NOと言われそうです。OKされても、あまり喜んでくれず、あなたがガッカリするかもしれません。

memo

※ 第2章 ※

カップ　10

先生

何をしていますか？

ケイコ

仲の良いご夫婦が、虹を見て喜んでいます。

さやか

満ち足りた幸せのカードです。

先生、虹は消えるでしょう？　それは逆位置の意味ですか？

ゆかり

子供たちも楽しそうに踊っているのは、
両親の仲が良いから嬉しいのだと思います。
遠くに見える家は、この人たちのものですか？

陽平

あなたは、どう感じましたか？
ノートに書きましょう。

皆さんが気にしている虹を焦点としましょう。
正位置は虹が綺麗に空にかかっている様子、
逆位置は虹が消えてゆく様子を想像してみましょう。
このカードは別名「満ち足りた幸福」ですが、小アルカナのペンタクルの10
も別名「満たされた幸福」と同じ意味のカードが出て来ますので、
その時2枚のカードの違いを説明します。
楽しみにしておいてくださいね。
このご夫婦が虹に向かって、どんなことを話しているか考えてみましょう。
「結婚とは信頼と愛情だと思います。こんな素敵なパートナーと御縁ができて、
お陰様で可愛い子供たちにも恵まれています。今でも十分幸せなのに、家を

建てることができて満足しています」

連想すると、

- ✷ **正位置** ✷　願いが叶う、幸福、精神的な充実感、心の安らぎ、
楽しいことから成功のヒントをもらう、
支援や協力者が出て来る

- ✷ **逆位置** ✷　意外な出来事、家庭内のイザコザ、
フラストレーションがたまる、
人間関係や計画が上手くいかない

例えば、
結婚して3年になりますが、どんな家庭だと思いますか？
と質問されたら、

- ✷ **正位置** ✷　お互いが信頼し、愛し合って、隠し事の無い、精神的に満足しているご夫婦です。

- ✷ **逆位置** ✷　結婚した時の計画が上手くいかず、生活がマンネリになっていませんか？
ケンカをしている訳ではないのに、何となく精神的に不満があるようです。

memo

第2章

ソード 1

何を感じますか？

剣が冠を突き抜いています。月桂樹の葉が付いているので、成功を意味していると思います。

この剣の持ち主は頑固というか意志が強い感じがします。

力を示しています。困難を乗り越えられる強い意志です。

向こうに見える山が、困難や問題を表しているなら、それを乗り越えられたのは、剣の強い意志のお蔭です。

あなたは、どう感じましたか？　ノートに書きましょう。

1本の剣が、力強く天に向かって伸びています。
その先には月桂樹を付けた冠があり、剣はその中央を突き抜いています。
月桂樹を付けた冠は、成功を表しており、剣は意志の強さを表しています。
どんなに困難なことがあっても、頑張り通して自分の考えを実行したい、成功したいと考えます。
逆位置は、剣の強さのバランスが崩れ、いざとなると気が弱くなり、実行できないか、逆に権力を押し付けて我を通そうとします。
別名「強い剣」

連想すると、

✳ 正位置 ✳　正義、成功、強い意志、情熱を向ける事柄、強気な行動、
　　　　　　　新しいサイクルの始まり、技術力

✳ 逆位置 ✳　中途挫折、意志の弱さ、権力を使う、
　　　　　　　いざという時に何も言えない、誇れるものが何もない

例えば、
プロの占い師になりたいのですが。
と質問されたら、

✳ 正位置 ✳　決心は、強いようですね。
　　　　　　　目標に向かって技術を身に着けて努力すれば、その可能性は
　　　　　　　あります。頑張ってください。

✳ 逆位置 ✳　今の勢いは、とても強く、このまま進めば望みはありますが、
　　　　　　　急ぎ過ぎて途中挫折しないよう、最後まで意志の強さを忘れ
　　　　　　　ないでください。

memo

第2章

ソード　2

先生
何を感じますか？

どちらを向いていいのか分からないので、動けない。

陽平

ケイコ
動けないなら、動かない方が良いのではありませんか？

さやか
平和、現状維持、調和のカードです。

後ろの水は、カップと同じ感情を意味しているなら、それに背を向けているから、感情が無いと思います。

ゆかり

あなたは、どう感じましたか？　ノートに書きましょう。

皆さん、閃きがだんだん鋭くなってきましたね。
想像してみましょう。目隠しされて剣を両手に持っている場面を。
目が見えないから、右を向いた方が安全か、左を見た方がケガをしなくて済むのか、分からなくて、どう動いていいか決断が付かないと思いませんか？
それなら、じっとこのままの形でいるのが、一番安全だと考えます。
ゆかりさんが、水は感情で背を向けているのに気付いたのは、素敵です。
感情に背を向けているのは、冷静に考えていると思いませんか？
逆位置になると、目隠しが外れ、どこに剣があるか分かるので、右か左かケガをしない方向が決まります。
現状維持から、どちらか選ぶ行動に出ることになります。

別名「束の間の平和」

連想すると、

* **正位置**　　均衡、行き詰まり、調和、共同、戦いの無い勝利、
　　　　　　　宙ぶらりん、友情

* **逆位置**　　停滞から脱出する、前が見えるようになる、均衡が崩れる、
　　　　　　　事態が動き出す

例えば、
仕事をやらないかと2人から誘われているが、どちらと組んだらよいか迷っている。
と質問されたら、

* **正位置**　　先が見えないので、選ぶのに自信がないようですね。
　　　　　　　下手に決めて後悔するより、このままの状態で
　　　　　　　相手の出方を見てから決めてはどうですか？

* **逆位置**　　どちらが自分に向いているか、もう一度考えてみれば、
　　　　　　　決断はつくと思います。あとは、あなたの行動だけです。

memo

第2章

ソード 3

先生: これを見て、感じたことを教えてください。

ケイコ: 背景の雨は、涙のように感じます。心臓に剣が3本刺さっているのは、ショックとか悲しみに思えます。

陽平: 剣をメスと想像したら、手術に失敗したように思えます。

さやか: 悲しみ、トラブル、ダメージのカードです。

ゆかり: 剣が抜けたら、少しは楽になるのですか？

あなたは、どう感じましたか？
ノートに書きましょう。

雨雲が立ち込め、先が見えないほどの大雨が続き、
思いやりの無い言葉の剣が心を傷付けて、こちらの感情など無視される。
こんな状態に、あなただったらどうしますか？
ダメージを受けて、立ち直れないかもしれません。
逆位置になると、剣が逆さまになることで、重い持ち手が下になり、
少しずつ剣が心臓から抜けて楽になっていきますが、傷跡はなかなか治りません。
別名「悲しみ」

連想すると、

正位置	破局、不和、分裂、別れ、傷心、闘争、失望、対人関係のトラブル、手術やケガの可能性、悲しい結末、不倫
逆位置	事態はまだ完全に終わったわけではないが正位置の意味が少し楽になる

例えば、
片想いの彼に思い切ってプロポーズをしようと思いますが。
と質問されたら、

正位置	今は、止めた方が良いのではないですか。相手の方は、全然その気になっていないのに、急にプロポーズされたら、きっと、ハッキリお断りされると思いますよ。
逆位置	片想いだけで、プロポーズは無謀だと思います。それより、もっと彼のことを知り、友達になってからなら、断られても、まだ可能性のある断られ方をされると思います。

memo

第2章

ソード 4

先生: これを見て、感じたことを教えてください。

陽平: ステンドガラスの窓を見ていると、教会の中のような気がします。

ケイコ: 青年がベッドの上で寝ています。疲れているようです。

ゆかり: ベッドではなく、棺ではないかしら? ほら、お葬式の時、死んだ人を入れる……。

ケイコ: では、この人は死んでいるのですか?

陽平: 僕は、生きていると思います。なぜなら、死人は箱の中に寝ていますね。彼は、ふたの上にいますし、棺の中は空っぽです。

さやか: 休戦のカードです。ストレスの解消や一休みの意味があります。

あなたは、どう感じましたか? ノートに書きましょう。

こんな物語は、いかがでしょう?
戦場で激しい戦いが続き、何日も眠れない日が続いて、とにかく心身ともに疲れ、教会に辿り着きます。
教会の中には、この戦争で亡くなった人のために、沢山の御棺が用意してあ

りました。
兵士は欲も我もなく、空の御棺の上に倒れ込み、眠り続けました。
やがて朝日が、ステンドグラスを通して黄金色の光を放ち、兵士へと降り注ぎました。
兵士は、元気を取り戻して、また戦場へ出ていきました。
皆さんの質問の答えも、この物語に入っていると思います。
別名「休戦」

連想すると、

正位置　休息、祈り、心の傷、心配、激務から解放される

逆位置　回復、気力体力の充実、再開、復帰、活気が戻る

例えば、
色々問題を抱えて、答えを出さなければならないが、自信がないのですが。
と質問されたら、

正位置　今は、結果を急いで出すより、ゆっくり休養して考えをまとめる時です。疲れが取れれば、頭の中の整理ができますよ。

逆位置　そろそろ、頭の中の整理ができて来たようですね。やる気や気力が回復できた頃です。決断、結論を出しましょう。

memo

第2章

ソード 5

先生:　何を感じますか？

ケイコ:　欲張りそうな男が、他の人の剣を取り上げています。

陽平:　剣を取り上げられた人々が、うつむいて去って行きます。

さやか:　このカードは、敗北を表しています。

ゆかり:　わたし、この男の人、嫌いだなー。何だか自己中心的でワガママに見えるし、冷たい心の人に見えるから。

あなたは、どう感じましたか？　ノートに書きましょう。

確かに感じの悪い男ですね。
この男は、戦いに勝ったので、負けた兵士たちの剣を戦利品にするつもりです。
「お前たち、俺は剣が欲しいんだ、置いていけ、置いていけ」
うなだれて去って行く兵士は、
「そんなに欲しいなら、どうぞ持っていけばいい。でも、剣は取られても、心までは取ることはできないからな」
髪を振り乱して、自分の欲しいものを最後まで言い張って、自分のものにしなければ気が治まらない、この男は欲しいものが手に入っても、周りには誰もいないくなり、孤独になります。
別名「敗北」

逆位置では一歩下がって皆と足並みを揃えたほうが結果は良くなる。

連想すると、

* **正位置**　配慮に欠ける、なりふり構わぬ、強欲な態度、執念、
　　　　　損害、ジェラシー、妬みなどの良くない感情、不運

* **逆位置**　失敗、諦め、不正の発覚、我を返さず足並みを揃える

例えば、
どうしても、好きな人がいるので、告白しようと思っているのですが。
と質問されたら、

* **正位置**　いくら好きだからと言っても、自分の気持ちを
　　　　　無理に押しつけたり、ストーカーみたいに
　　　　　付きまとうと、相手に引かれて結果は失敗します。

* **逆位置**　好きなら、相手の気持ちと足並みを揃えて、
　　　　　少しずつ自分のことを理解してもらった方が、
　　　　　時間は掛かるかもしれませんが、結果は、良い方に向かいます。

memo

ソード 6

何を感じますか？

船頭さんが、親子を向こう岸まで渡しています。

親子が向こう岸へ着く手伝いをしています。

協力者とか、ピンチ後のチャンスのカードです。

なんで、舟に剣がたくさん刺さっているのですか？

あなたは、どう感じましたか？　ノートに書きましょう。

こんな物語は、どうでしょうか。
戦争に負けて、夫を失った母子を、敵の兵士が殺そうと追いかけて来ています。
母子の前には、大きな川があり、これ以上進めません。
敵の兵士たちは、どんどん距離を縮めて来ます。
母親は祈ります。「神様、わたしの命はどうなっても構いません。どうか子供の命をお守りください」
その時です、川辺に生えている長い葦の穂の中から一そうの舟が現れ、
一人の若者が「はやくお乗りなさい」と舟の中に母子を乗せ、向こう岸まで渡し始めました。
兵士たちは、逃してなるものかと、矢を射りますが、剣が衝立のように矢を防ぎます。

母子は無事に逃げ切り、向こう岸まで着くことができました。
舟が出て来たので、船旅の連想もあります。
別名「心配後の成功」

逆位置では、乗った舟がひっくり返り、援助者もいなくなり、計画は挫折する。

連想すると、

* **正位置** * 　協力者の出現、旅行による幸運、トラブルの解決、
　　　　　　　危機は去った、良き指導者との出会い、ゆっくりと好転する

* **逆位置** * 　あいまいな態度、思うように事が進まない、計画の挫折、
　　　　　　　協力者がいない

例えば、
明日、お見合いがありますが、上手くいきますか？
と質問されたら、

* **正位置** * 　あなたの良き協力者として、一緒の舟に乗り、
　　　　　　　あなたをリードしてくれる方が現れ、きっと上手くいきますよ。

* **逆位置** * 　始めは上手くいっているように見えていますが、
　　　　　　　途中から意見が合わず、上手くいきません。
　　　　　　　舟がひっくり返って、船頭さんがいなくなるような状態です。

memo

ソード 7

先生: 何を感じますか？

陽平: 剣を抱えて、後ろを気にしているので、ドロボーですか？

ケイコ: 背景が黄色なので、何か楽しさや滑稽なことに関するカードですか？

さやか: 逃避、別名ドロボーのカードです。

ゆかり: 抜き足差し足忍び足……。なんとなくマヌケなドロボーに見えます

あなたは、どう感じましたか？　ノートに書きましょう。

こんな物語は、いかがですか？
この男は前からテントの前に置いてある剣が欲しくて狙っていました。
昼間は、人目があって、なかなかチャンスが無いので、夜中になってテントの人たちが寝ている間に、そっと忍び込み、持てるだけ、7本の剣を持って逃げました。
男は家に帰ってから、罪の重さに後悔して、翌朝、テントに謝りに行きました。
「あれは、もう要らないもので、捨てておいた剣だったんだよ。欲しければ、全部持って行ってくれて良かったのに」
都合が悪くなって逃げ出すより、結果はどうあれ、逃げずに相手と向かい合って話した方が、スッキリしますね。
別名「逃避」

またの名を「ドロボーカード」。正位置は、抜き足、差し足、忍び足で剣を持ち帰る。都合の悪いことから逃げる。逆位置では、逃げずに問題と向き合って解決がつく。
連想すると、

* **正位置** 試み、新計画、希望、努力、横道への誘惑、問題から逃げる

* **逆位置** 良いアドバイス、良い相談、健全な計画、見通しが立つ、思いがけず未来が開ける

例えば、
父が亡くなり、財産分けをしてもらいたいが、生前より兄が父の面倒を見て管理していたため、なかなか言い出せないのですが。
と質問されたら、

* **正位置** 都合が悪いと逃げていては、いつまで経っても話は進みません。

* **逆位置** あれこれ考えているだけでなく、一度お兄様と会ってお話してみましょう。結果は、あなたが思っていることより良い方向へ流れるでしょう。

memo

第2章

ソード 8

これを見て、感じたことを教えてください。

処刑者ですか？ 目隠しされて体も縛られて、裸足で立っている大変な状態です。

周りに剣が沢山突き刺さっていますが、目隠しをされているので、どう動けばケガをしないで済むのか分かりません。ガンジガラメで動きが取れない状況です。

ソードの2のカードと似ているけれど、あれより酷い目に遭っているみたい。

孤立無援の意味があります。動きが取れません。

あなたは、どう感じましたか？ ノートに書きましょう。

この人は、目隠しをされ体を縛られ、自由を奪われています。
周りの状況は見ることができませんが、裸足で土の感触を感じてみても、決して良い場所でないことが分かります。
剣はトラブルを表しており、この人は多くの問題、トラブルを抱え、その解決方法に悩んでいます。
こんな時、無理に動いて余計悪くなるより、現状維持で相手の出方を待っていた方が無難でしょう。
別名「孤立無援」

逆位置では、目隠しが取れれば、今、置かれている立場や剣の位置が分かり、

どうやったら傷を付けずに動けるかが分かって来ます。

連想すると、

- ※ 正位置 ※　四面楚歌、がんじがらめ、法的トラブル、危機、災害、
　　　　　　　悪い知らせ、非難、中傷、不安、孤立、逮捕、制限、
　　　　　　　今は耐えるしかない

- ※ 逆位置 ※　制限がなくなる、干渉が消える、
　　　　　　　出口が見えて来る、仕事上のチャンス

例えば、
不景気で赤字が続くので、今の商売を辞めて新しい仕事に就きたいが。
と質問されたら、

- ※ 正位置 ※　現在、商売だけでなく多くの問題を抱えて動きようがないの
　　　　　　　ではないですか？
　　　　　　　こんな時に新しい仕事に変えても、マイナスが増えるだけです。
　　　　　　　今は耐えて、周りの流れが変わるのを待つしかないようです。

- ※ 逆位置 ※　今まで動けなかった状態に変化が出て来て、動けるようにな
　　　　　　　ります。
　　　　　　　問題の出口が見えた時、辞めるか続けるか決心しましょう。

memo

第2章

ソード 9

先生：これを見て、感じたことを教えてください。

ケイコ：泣いているのですか？ 悩んでいるのですか？
手で顔を覆って考え込んでいます。

陽平：夜中、真っ暗な闇の中で、不安であれこれ妄想して眠れないのではないですか？

さやか：恐れの意味を持っています。
心配事や不眠のカードです。

ゆかり：この人の後ろのシーツが、薄くピンク色になっているのはなぜですか？

あなたは、どう感じましたか？ ノートに書きましょう。

真夜中に目を覚ましてみると、自分が一人ぽっちで真っ暗闇の中に
取り残されているような気になり、急に辛く悲しくなります。
「これから先、どうなるのだろう。この状態がずっと続いたらどうしよう」
あれこれ妄想が不安と悩みを生み出して、心配でなかなか寝付くことができません。
やがて窓から朝日が、彼女のシーツの上に差し込みます。
彼女はホッと胸をなでおろして、
「もう夜明けになるのね、太陽が昇って、だんだん明るくなってくるわ。
もう暗闇に悩まなくて済むのね」
ゆかりさんが気になっていた、シーツのピンク色は、夜が明けて太陽の光が
シーツに当たっていたものです。
別名「恐れ」

逆位置は朝日の光でシーツがピンク色に染まり、もうすぐ朝が来て自分の恐れも解決するとホッとします。

連想すると、

* **正位置** 　心配事、悲観的、病気、不眠、中傷、精神的疲れ、
　　　　　　不安、絶望、怯え、孤立、失望、後悔、不和、
　　　　　　流産、トラブル

* **逆位置** 　不安が妄想だと分かる、安堵、大きな喜び、孤立からの解放、
　　　　　　疲れが取れる、精神的に楽になる、
　　　　　　現実が見えて妄想や思い込みが消える

例えば、
友達にお金を貸して、返済日が過ぎたのに、まだ返してくれません。
結構、大金なので生活に響いて困っています。どうしたらいいですか？
と質問されたら、

* **正位置** 　睡眠不足で、夜中にあれこれ妄想して、不安と裏切られた悲しさで、かなりお疲れですね。考えているだけでは、お金は戻って来ません。
　　　　　　期日が過ぎているのですから、催促しましょう。それができないなら、諦めるしかありません。

* **逆位置** 　お友達は、あなたを裏切ったのではありません。
　　　　　　何か事情があって、連絡が取れないようです。
　　　　　　もうすぐ、その理由も分かると思います。
　　　　　　また、お金の返済方法も、話し合った上で書類にしてもらいましょう。
　　　　　　先方から連絡が来るまで待てないなら、変な見栄やプライドは捨てて、連絡しましょう。

第2章

ソード　10

先生：何を感じますか？

ケイコ：戦争とはいえ、背中に剣をハリネズミのように刺されて殺されて。ずいぶん酷いことをする人がいるのですね。

陽平：背中に剣を刺されているのは、相手を信用しているとか、気を許している人がやったのだと思います。だって、兵士なら、敵に背中は見せないものだと思います。

さやか：破滅のカードです。
裏切り、不運の意味があります。

ゆかり：この人、生きているの？　死んでいるの？
だって、大アルカナの審判のカードで、死人がいたけど、色が灰色だったと思うの。
この人をよく見ると、手や横顔が肌色だから……。でもこれで生きていたら奇跡だと思うけど。

あなたは、どう感じましたか？　ノートに書きましょう。

皆さん、細かなことに気が付き、連想するようになりましたね。
おっしゃる通り、この人は信じて上手くいっていると安心していた人から剣を刺されたのです。
それは、恋人、親友、親かもしれません。
それゆえ、そのショックと痛さと悲しさは、敵の兵士に刺されるより、何十倍何百倍ものことでしょう。

彼は倒れながら「何もかも終わりだ。もう誰も信じないし、何もやる気がない」
そう思いながら、暗い川を薄れゆく意識の中で見ていました。
ゆかりさんが気付いたように、瀕死の重傷を負っていますが、まだかすかに
息があります。
暗い川の水辺に、やがて薄っすらとピンクの光が波とともに広がっていくの
を見て、
「太陽が昇って来たのか。暗かった水辺が明るくなっていく。そうだ！　散々
苦労した自分が、ここで終わっては悔いが残る。もう一度立ち上がって生き
返ってやろう」
別名「破滅」

焦点は、正位置では背中を見せて油断していた信用した親しい人からの裏切
り。逆位置では、海に太陽が昇る姿を見て、もう一度立ち上がって勝負しよ
うと思うのです。

連想すると、

* 正位置 *　破滅、苦痛、不運、失望、悲しみ、没落、総決算、殉死、
　　　　　　愛情の破滅、他人のトラブルに巻き込まれる

* 逆位置 *　自分の人生の目標をハッキリさせる、
　　　　　　希望の光が出て来る、問題はだんだんと解消される

例えば、
一度離婚をしていますが、今、再婚の話が来ています。どうでしょうか？
と質問されたら、

* 正位置 *　前の結婚は、ずいぶん痛手を受け離婚になったようですね。
　　　　　　また、以前のようになるのが嫌で、再婚する気がないのでは
　　　　　　ないですか。

* 逆位置 *　前の結婚のダメージを、今度の再婚で取り返すため、
　　　　　　もう一度頑張ってみようと考えていませんか。

第2章

ペンタクル　1

何を感じますか？

手の上に大きな金貨が乗っているから、
大金が手に入る気がします。

金貨は不動産とか給料を表しているとしたら、
安定した生活ができるみたい。

財運の発展、仕事の好調などを表しています。

それなら逆位置になったら、手から金貨が
落ちる意味になりますね。例えば、リストラ、
大損をするなど。

あなたは、どう感じましたか？　ノートに書きましょう。

ペンタクルは、時間を掛けて努力することで成功するカードが多いと思います。
背景に見える、広い土地もコツコツ努力して得たものです。
物質的な基礎と、その上に立つ精神的な喜びを表しています。
このカードは、大アルカナの世界、小アルカナのカップ9（ウィッシュカード）と、同じくらいの良いカードです。
逆位置になると、物質面でのバランスが崩れて、離職転職の失敗、大損をする、強欲などを表します。
別名「物質と現実面の喜び」

正位置は、手のひらの中にしっかりと大きな金貨が納まっています。逆位置では、手のひらの下に動かずに納まっていた大金が落ちてしまう、安定していた仕事、金、土地などが失われる。

連想すると、

- **正位置** 財運の発展、仕事の好調、転職、移転の吉兆、リッチな生活、時間を掛けていたことに成果が出て来る、愛が根付く

- **逆位置** ケチ、強欲、金で物事を解決する、堕落、浪費、失敗、心の底から願っているものを手に入れることができない、リストラ

例えば、
今の会社に勤めて15年になります。そろそろ自分でやってみようと思いますが、どうでしょうか？
と質問されたら、

- **正位置** 長い間、ご苦労様でした。この会社で十分勉強をして自信ができたから、独立しようと思っていますね。思い切って、やってみましょう。

- **逆位置** この15年間、何を勉強して来ましたか？
少々、お金ができたからという理由で転職すれば、失敗します。もう一度、計画を練り直して、不足している場所を埋めてから考えてみてはいかがですか？

memo

ペンタクル　2

先生：何を感じますか？

ケイコ：お金でお手玉をして遊んでいます。
お金をおもちゃにすると罰が当たります。

陽平：後ろの海で、舟が波にもまれているので、
この人の気持ちが迷っているように感じます。

さやか：これは迷いとか浮き沈みのカードです。

ゆかり：ピエロみたいな服を着ているから、
考え方が軽い人かも。

あなたは、どう感じましたか？　ノートに書きましょう。

お金とお金の間に8を横にしたような記号が見えますか？
これは、レムニスケート（無限∞）の意味を持っています。
彼は、楽々とお金を操っているように見えますが、別の見方をすれば、
それがなかなか止められないようにも見えます。
このカードが逆位置になると、お手玉の金貨を一つ落としてしまうことで、
この動作を止めることができ、迷っていた問題に結論を出すことができます。
別名「浮き沈み、迷い」

連想すると、

- **正位置** 　金銭でのトラブル、物質的障害、人間関係のいさかい、
　　　　　　 世間知らず、お金をおもちゃにする、迷うため答えが出ない

- **逆位置** 　迷いが消える、安定してくる、生き方が堅実になる、
　　　　　　 気持ちのコントロールができる

例えば、
友達から一緒に事業をやろうと言われているのですが。
と質問されたら、

- **正位置** 　やりたい気持ちと自信の無い気持ちが行ったり来たりして、
　　　　　　 答えが出ないようですね。
　　　　　　 相手の立場や、建前で考えていては答えは見つかりません。
　　　　　　 自分の本音で、もう一度考え直しましょう。

- **逆位置** 　そろそろ、どちらにするか気持ちが決まって来たようですね。
　　　　　　 決めたら、失敗を恐れず、実行してみましょう。
　　　　　　 今までは、お金の無駄遣いが多かったようですが、事業をすると決めたら、少しのお金も大切な資金ですから、無駄にしないようにしましょう。

memo

第 2 章

ペンタクル　3

先生：何を感じますか？

ケイコ：この建物は教会でしょうか？　3人が何か話し合っています。

ゆかり：牧師様と信者と職人さんに見えますが、何を話しているのですか？

さやか：天職、能力技術が優れている意味があります。

陽平：古くなった教会の建物を左官屋さんに修理をお願いしているのではないですか？
信者さんが持っている紙の絵と建物の絵が同じに見えます。

あなたは、どう感じましたか？　ノートに書きましょう。

こんな話はどうでしょうか？
信者「牧師様、この教会もだいぶ古くなって修理が必要ですね」
牧師「そうですね。わたしもそれを考えていました。どなたか良い職人さんを知りませんか？」
信者「お任せください！丁度まじめで仕事熱心な左官屋さんを知っています」
それから、何か月か経って、信者と牧師様は、どのくらい作業がはかどったか、彼の仕事を見るために現場へ来ました。
信者「まー、すごい！牧師様見てください、この設計図通りの出来で見事なものです」
牧師「本当に。彼は天才ですね」

すると仕事を請け負った左官屋さんは、こう言いました。
「満足していただき、ありがとうございます。わたしは、この仕事を神様からいただいた天職だと思い、一生懸命させていただいております」
別名「天職」

逆位置では、本人だけがうまいと思っているが未熟でプロとして使えない。

連想すると、

- **正位置**　能力や技術の向上を認められる、社会的名声や評価を受ける

- **逆位置**　未熟、世間は認めないが自分は認められていると思っている

例えば、
現在、建築業の会社で仕事をしているが、独立したら上手くいきますか。
と質問されたら、

- **正位置**　このお仕事は、ご自分でも好きだし出来上がったものは、どれも良い評価をいただいているようですね。
神様からいただいたお仕事と思い、頑張って独立してみましょう。

- **逆位置**　独立は、まだ少し早いのではないでしょうか？
あなた自身は仕事に自信があり、先方の評判も良いと思っていますが、会社の中にいるから仕事がある訳で、独立したら、そんなに甘くないと思いますよ。
なぜなら、出来栄えや技術が今一つ足らない状態で、独立するほどの腕にはなっていないようです。

memo

第2章

ペンタクル　4

先生　何を感じますか？

ケイコ　手と足に金貨をしっかり抑え込み、頭にも乗っけていますから、ケチの人に見えます。

ゆかり　わたしは、ちょっと違って感じます。この絵を縦に２等分したら同じものになるし、三角形にもなっているので安定していると思います。お金に安定することは、コツコツためて作った財産や上手な運用をしたからだと思います。

さやか　安定というカードです。また独占欲の意味もあります。

陽平　頭、両手、足にある金貨を放さないように頑張っている様子を見ていると、何か執着心にとらわれている気がします。

あなたは、どう感じましたか？　ノートに書きましょう。

皆さん、良いところに着眼点を置いていますね。
別名「安全、安定を求める」
左右対称の構図は安定、安全を感じると思います。
ペンタクルはお金、仕事など、現実的なものを表し、一度つかんだものは執着して放さないようにもケチとも見えます。
自分が勝ち得たものは、決して失いたくないと思っているのでしょう。
いろんな解釈がありますが、わたしはこの金貨が恋人だったらと考えたりし

ます。
誰にも渡したくない、離したくないと思う執着心が、自分の気持ちをガンジガラメにして、相手に重さを感じさせてしまいます。

連想すると、

* **正位置**　物欲、ため込み、相続、仕事、成功、勝負ごとにおけるチャンス、無駄にならない

* **逆位置**　取引や交渉の断絶や中止、チャンスを逃す、
築き上げたものを維持することができない、
ずさんな金銭管理

例えば、
彼が私から離れて行ってしまうのではないかと、心配で心配で仕方ないのですが。
と質問されたら、

* **正位置**　彼を絶対離さないと考えている執着心が、
自分をがんじがらめにして動けなくなっていますよ。

* **逆位置**　一度、思い切って手放してごらんなさい。
本物なら、必ず戻って来ますし、戻って来なければ、それだけの奴と諦めましょう。

memo

ペンタクル 5

先生: 何を感じますか？

陽平: 家の無い貧しい生活をしている路上生活者の人たちが、雪の上を裸足でとぼとぼ歩いています。

ゆかり: ステンドグラスが輝いて見えますが、教会の中では、楽しそうなパーティをしているのですか？

さやか: 惨めな境遇を表しています。

ケイコ: お気の毒ですね。きっと何でこんな目に遭わなければならないのかと、自分の人生を悔いていることと思います。

あなたは、どう感じましたか？　ノートに書きましょう。

別名「みじめな境遇」

こんな物語はいかがでしょう？
外は雪が深々と降り続け、お腹を減らしたホームレスが2人、冷たい雪の上をはだしで歩いています。
教会のステンドグラスの窓は、明るく輝き、楽しそうな笑い声や
美味しそうなスープの匂いがしています。
2人は、羨ましそうに窓を見上げながら、自分たちの置かれている境遇を嘆きます。

「なんで、こんな目に遭わなければならないのだ」と。
すると、教会のドアが開き、中から牧師様がそっと手招きします。
「寒かったでしょう。どうぞ、暖炉のそばで温まってください。今、温かいスープをお持ちしますから、ゆっくり休んでください」
今まで、冷たい雪の中を歩いて、惨めな気持ちになっていた時に、
このような優しい言葉を掛けられ、この2人は人の情けが身にしみて嬉しく思いました。
正位置は教会の外のホームレスの気持ち、
逆位置は教会の中に入れていただいた2人の気持ちに焦点を合わせて考えましょう。

連想すると、

* 正位置　　惨めな境遇、損失、経済的苦労、財を失う、意欲を失う、
　　　　　　孤独、教会、自己不信、他人と接することが困難になる

* 逆位置　　人の情けが身にしみる、恵みの心、良き人生相談、
　　　　　　救い、援助

例えば、
会社の経営が上手くいかないが、どうでしょうか。
と質問されたら、

* 正位置　　大変ですね。今まで近付いて親しくしていた人たちが、
　　　　　　クモの子を散らすようにいなくなり、
　　　　　　人間不信になっていませんか？

* 逆位置　　これから先の予定も付かず、落ち込んでいる時に、
　　　　　　思い掛けない援助や優しい言葉を掛けてくれる方が
　　　　　　出て来ます。運の良い時には感じなかった、人の情けの有難
　　　　　　さが身にしみます。

第2章

ペンタクル　6

先生：何を感じますか？

陽平：赤い服の人は、お金持ちそうに見えて、他の2人は貧しそうです。2人に小銭を恵んでいます。

ゆかり：赤い服の人が天秤を持っています。天秤は揺れていないので、平等に相手と接していると思います。

さやか：成功のカードです。正当な報酬の分配の意味があります。

ケイコ：それでは、逆位置になると天秤が揺れて差別をしたり、えこひいきをすることになりますか。

あなたは、どう感じましたか？　ノートに書きましょう。

赤い服の人は商人で、自分の投資した事業が当たり、裕福になりました。
物乞いの2人に「お陰様で仕事が上手くいき、裕福になれた。
君たちにも、おすそ分けをあげるから、これで頑張って成功してくれ」
そう言って、2人に同じだけお金を与えました。
逆位置になると、天秤が揺れて、バランスを崩します。
今まで平等だった心が、好き嫌いやえこひいきとなり、金銭の分配も不公平になります。
別名「成功、正当な分配」

焦点は「天秤」。正位置では平等に保っているが、逆位置になると揺れて傾きます。

連想すると、

- ✹ **正位置** ✹　財産の分割、援助、整理、相続、慈善、寄付、他人への協力

- ✹ **逆位置** ✹　欲を出して大損する、当然受けられるものが手に入らない、
　　　　　　　失敗、援助を受けられない、
　　　　　　　独り占めをすることで孤独になる

例えば、
父親が亡くなって100日が過ぎたので、親戚が集まっているところで、遺言書を開くことになっているのだが。
と質問されたら、

- ✹ **正位置** ✹　立派なお父様でしたね。皆さんが納得いくような、正当な分配をしてくださっているようです。

- ✹ **逆位置** ✹　お父様は、好き嫌いが激しい方でしたか？
　　　　　　　分配の仕方が、えこひいきで偏っているようです。

memo

ペンタクル 7

先生: これを見て、感じたことを教えてください。

ケイコ: この方は農夫ですか？土を掘る道具を持って、何か考えています。

ゆかり: 農夫で金貨になるものは、野菜とか実のなる果物でしょ。

さやか: 節目の時のカードです。現状の先を考えています。

陽平: では、農夫が努力して作物の実が沢山採れて喜んでいたけれど、このままでは、腐ってしまうので何とかしなければと考えていると思います。

あなたは、どう感じましたか？　ノートに書きましょう。

皆さん、チームプレイが良いですね。
一人の閃きを応用して、次の閃きに繋げているようですね。
こんな物語はどうでしょうか？
農夫が、毎日一生懸命に努力して頑張ったお陰で、収穫時に、見事な野菜が多く出来ました。
農夫は喜んで、早く町へ持っていき、お金にしようと思い、そこで困りました。自分１人で、こんなに多くの野菜を運ぶのは無理だと思う。
そうかといって、いつまでもこのままにしておくと鮮度が落ちて腐ってしまい、売り物にならなくなる。何とかしなくてはと。
逆位置になると、

「そうだ！　一回家に戻り、リヤカーやトラックを取りに行けば解決できる」
と、問題の解決をすることができました。
別名「節目の時」

逆位置では、違う発想で解決法を思い付きます。

連想すると、

✽ 正位置 ✽　　節目の状況、心配性、慎重な態度、農業、努力が実らない、
　　　　　　　　発展のきっかけが無い、急に悲観的になる

✽ 逆位置 ✽　　成長、進歩、チャンスが見えて来る、
　　　　　　　　新しい思い付きに不安を感じるが実行してみると
　　　　　　　　案外上手くいく

例えば、
上司と不倫中です。そろそろ２年になるので、このままではいけないとは思っているのですが。
と質問されたら、

✽ 正位置 ✽　　いつまでもこのままでは、いけないと思っていますね。
　　　　　　　　ダラダラと同じことの繰り返しになるのは分かっているのですが、その方法が分からないので、困っていますね。

✽ 逆位置 ✽　　とにかく変わらなければと思って、いくつか方法を考えているようですね。思い切って実行してみませんか？
　　　　　　　　考えているだけより、実行した方が良い結果が出るようです。

memo

第2章

ペンタクル 8

先生: 何を感じますか？

ケイコ: 職人さんですか？　金貨を作っているように見えます。

陽平: 技術を磨いて、一人前になろうとしています。

さやか: トレーニングのカードです。努力して腕前を上げる意味です。

ゆかり: そうなんだ。ニセ金作りかと思っちゃった。

あなたは、どう感じましたか？　ノートに書きましょう。

彼は、職人です。
コツコツ努力して技術の腕を上げ、高い評価を得ることができるようになり、やがてプロとして認められ、仕事の依頼が入ってくるようになり、満足します。
逆位置になると、なかなか上手くならず、一人前として扱ってもらえません。本物になれず、ニセモノ作りしかできなくなってしまいます。
別名「トレーニング」

逆位置では、技術不足なのに自分はそれを認めない。

連想すると、

* **正位置**　新たな展開、チャレンジ、挑戦のチャンス、昇進、昇給、
　　　　　　将来役に立つ技術、技術を磨く、
　　　　　　少しずつ利益が出るようになる、準備、期待される

* **逆位置**　平凡、マンネリ、技術不足、偽物、
　　　　　　願望ばかり大きく現実が付いていかない

例えば、
料理を学んだあとに、店を持ちたいのですが、どうでしょうか。
と質問されたら、

* **正位置**　コツコツ毎日の努力が大切です。
　　　　　　あなたなら、料理に興味がありそうですから、きっと頑張れると思います。
　　　　　　技術を磨いて評価が上がれば、店を持つことも可能です。

* **逆位置**　本当にしたい仕事ですか？
　　　　　　途中で飽きたり、辞めたりしませんか？
　　　　　　また、技術がまだ足りないのに、自分勝手な判断で店を出すと失敗します。

memo

ペンタクル 9

先生: 何を感じますか？

ケイコ: お金持ちの奥さまですか？ 満足そうな笑顔をしています。

さやか: 大望のカードです。豊かな暮らしの意味がありますです。

そうですね。ボクもそのように思います。
陽平

手に鳥が止まっているけど、手乗り文鳥ですか？
ゆかり

あなたは、どう感じましたか？ ノートに書きましょう。

皆さんが感じた通り、この女性は、ぶどうを丁寧に育て成功しました。
いつか裕福な生活をしたいと願い、毎日コツコツと努力していたことが、
成功に繋がりました。
手の上に止まっているのは、文鳥のような小さな鳥ではなく、鷹や鷲のような大きな鳥です。
彼女が手を振ると、その鳥は広い土地をゆっくり飛んで、また彼女の手の上に戻ります。
鳥の飛んだ範囲の土地は、全部彼女の持ち物です。
それほど広大な土地を持っているのです。
別名「大望」

正位置では、長い時をかけて努力していたものが実り、成功して大きな望み

が手に入り満足する。逆位置では、うまくいっているはずなのに過去に同じようなことがあり失敗するのではないか気になる。

連想すると、

　※ **正位置** ※　収入増加、成果を認められる、昇進、出世、チャンスを掴む、ビジネス、豊かな暮らし、安定、成長、不動産吉

　※ **逆位置** ※　不正な金儲け、収入減少、昔間違ったことが気にかかり再び失敗する気がして前に進めない

例えば、
彼にプロポーズされているのですが。
と質問されたら、

　※ **正位置** ※　永い間、あなたが努力した甲斐がありましたね。
　　　　　　　　彼からプロポーズされる日を待っていたのでしょう。
　　　　　　　　やっと願いが叶いましたね。
　　　　　　　　素直にYESと答えましょう。

　※ **逆位置** ※　彼のプロポーズは、あなたが願っていたことでしょう。
　　　　　　　　本当は嬉しくて、すぐにお返事したいのでしょうが、昔間違ったことが、心に引っかかっていて、またそうなってしまわないか心配しているのではないですか？

memo

ペンタクル　10

先生：何を感じますか？

陽平：お金持ちの家庭のようですね。お城のような広い家、猟犬を放し飼いしているような広い庭。羨ましいです。

さやか：平和な環境、幸せな結婚のカードです。

ケイコ：先生が以前、カップのお勉強をしていた時、後で同じ意味のカードが出て来るとおっしゃっていたのは、このカードですか？

ゆかり：それなら、カップの 10 のことでしょう？ カップは愛情を表しているから、精神的に満足している家庭だと思います。これは、金貨が沢山あるから、現実の物質面に満足している家庭。そこが2つの違いだと思います。

あなたは、どう感じましたか？　ノートに書きましょう。

皆さん、どんどん積極的に意見や質問が出るようになりましたね。
質問ができるのは、分からないところが分かるようになったからです。
「カップ 10」と「ペンタクル 10」の違いは、おっしゃる通り「精神面」と「物質面」の違いです。
カップ 10 は「お互いが愛し合い、信頼し合えば、毎日、笑顔で生活できる幸せ」ですが、ペンタクル 10 は「お金のことでケンカするような結婚はしたくない。生活の基盤が出来てから、結婚を考えるべき」と考えの差が出て来ます。

別名「平和な環境」

正位置は、現実面で何の心配もない、満足している生活。逆位置は、家族、家庭のことで金銭面の心配が出てくる。

連想すると、

* 正位置 *　　幸福、家族、教養、気品、目的の達成、夢の実現、財産、家柄、大きな富、資産

* 逆位置 *　　浪費、損失、雇い主との誤解、ケンカ、口論、いい気になって努力しない、家庭のことで大きなお金が流れ出す
（入院費、電化製品、修繕費、慰謝料……）

例えば、
お見合いをした相手から、結婚を申し込まれています。
と質問されたら、

* 正位置 *　　なかなか、しっかりした考えを持っている現実派の方ですね。生活の甲斐性には自信があるようです。
お金には困らない生活をさせてもらえますよ。

* 逆位置 *　　金銭面が問題ですね。今、財産があっても、計画性の無い使い方をしていれば、やがて無くなります。もし、結婚するのなら、お金の管理はしっかりしてください。

memo

コートカードについて

いよいよ最後のグループのカードの授業に入ります。
最初の授業で、コートカードについて簡単に説明しましたが、
覚えていますか？
小アルカナの4種類（ワンド、カップ、ソード、ペンタクル）の中に、
それぞれ4人（王子、騎士、女王、王）、全部で16人のカードがあります。
このカードは、宮廷カード、もしくは人物カードとも呼ばれます。

ペイジ（王子）	起	子供〜10代の男女
ナイト（騎士）	承	18才〜30代男性。または、第一線で活躍している中年男性
クイーン（女王）	転	20代以上の女性
キング（王）	結	第一線を退いた男性、事業主、社長、オーナー

例えば、スプレッドした物語の中に、コートカードが出ていた時、
何が多く出ているか数えてみましょう。

多かったカードが	王子のカード	この問題は、まだ起きたばかり
	騎士のカード	この問題は、真っ最中
	女王のカード	この問題は、そろそろ終盤。整理をしましょう
	王のカード	この問題は、一応の終わりを迎えています

コートカードについては、この先で私からまとめてお話ししますね。

コートカードのリーディングは難しいと思いがちですが、それは人物像として表れたり、物語がどのくらい進んでいるかを読んでみたり、カードの出た場所でどんな意味を持っているのかなどを考えて難しくしてしまうからです。

最初は、わからないカードは残して、理解できたカードから読んでみましょう。不思議なことに、読んでいるうちに急に閃いて、コートカードがお役に立つことがあります。

また、スプレッドしたカードの中にコートカードが多い時には、人間関係や問題点で似た人物を思い出したりします。

コートカードの説明文は、あくまでもヒントとして、あなたの感じたこと、閃いたことを大切にして、ノートに書き込んでおきましょう。

memo

ペイジ　PAGE
(王子)

　　ワンド　　　カップ　　　ソード　　　ペンタクル

4人の王子を比べてみましょう。

ワンド
目立つ性格（目立とうとする性格）
リーダーシップの才能あり
直感が冴えている、行動力がある
パフォーマンス、コーチ、スポーツ、セールス、商売に向いている
- **正位置**　　魅力的な若者、順調な旅行、来客、恋愛の始まり
- **逆位置**　　短絡的、未熟、自信過剰、思い付きで行動し失敗する

カップ
ゆったりとしている、人を引き付ける、気持ちを落ち着かせる、同情心
感受性に富む、イマジネーション豊か、愛情に満ちている
芸術的な才能、創造性、ヒューマニズムの才能あり
- **正位置**　　愛らしい若者、ロマンチスト、研究、好転する状況
- **逆位置**　　協調性に欠ける、自分の世界に閉じこもる

ソード

明朗闊達で知性的
文武両道を大切に思っている
軽快で外交的な人
科学やハイテクに関心を持った人
科学者、エンジニア、スポーツ選手、ツアーコンダクター、通訳に向いている
2つのことを同時に操ることができる
挑戦を好み、変化を求める

- **正位置** タフで前向きな若者、変化、決断による成功
- **逆位置** 非情で批判的になり、疑い深い。ずるがしこい。行動が予想できない

ペンタクル

自然を愛する人
実践的なことを大切にし、物質的な世界のみ信じる
思慮深く、物静かで物事をしっかり考える
年長者を敬い、我慢強く責任感がある

- **正位置** 心が広く大人しい若者、向学心向上心がある、現実的にしっかりと物事を見つめる
- **逆位置** 孤独、反抗的な態度、誤解、軽率、節度がない、妥協しない

memo

ナイト　KNIGHT
(騎士)

　　ワンド　　　カップ　　　ソード　　　ペンタクル

4人の騎士を比べてみましょう。

ワンド
対抗意識、野心、勇気、自分をアピールする
誠実で衝動的、熱い議論、強いものへの挑戦
開放的、豊かな感情表現ができる、人を楽しませる
ぶっきらぼうだが人間味のある、あたたかい人
自立心が強く、人生を楽しむタイプ。創造力がある
- **正位置**　素早い決断が良い、環境の変化、陽気な人物、遠くからの朗報
- **逆位置**　利己的、衝動的、口論好き、嫉妬深い、態度が大きい、気性が荒い

カップ
控え目で優しい男性
情緒が豊かで、直感力があり、哲学や心理学が好き
イケメン、音楽など芸術を好む、感情移入しやすい、知性的
- **正位置**　好人物、真の愛情を求める、趣味や旅行での出会い

* **逆位置** * 誠実さが失われる、欺く、現実より空想の世界を大切にする
　　　　　　　未熟で信用できない人、現実や責任から顔を背ける人

ソード
知的な刺激を求める。探求心と好奇心を抱く人
タフで前向きな若者。知的な男性
変化、決断による成功
* **正位置** * アイディア、知的興奮を与える仕事、法律、行政、
　　　　　　　エンジニア、経済
* **逆位置** * 頑固で自分が正しいと思ったら、曲げない
　　　　　　　横柄、でしゃばり、非情で偏見を持った公平を欠く人間

ペンタクル
実務的、保守的、勤勉で頼れる男性。常識人
目標に向かって辛抱強く努力する
地味、しっかりしていて、用心深い
* **正位置** * 誠実な若者。責任感のあるしっかりした人
* **逆位置** * 軽率で不道徳。心が無い。計算ずくな性格
　　　　　　　生活能力が無い。定職に就かない。金遣いが荒い。無責任

memo

クイーン QUEEN
(女王)

　ワンド　　　カップ　　　ソード　　ペンタクル

4人の女王を比べてみましょう。

ワンド
チャーミングな女性
野心を持ち、堂々として、周りの人を引き付ける
誠実、温かさ、勇気、冒険心、自立する女性、頭が良く創造的、前向き
グループや組織のリーダー、政治、社会活動、タレント、スポーツ関係に向く
- **正位置**　聡明で知的な女性。社交的。堅実な生活
- **逆位置**　利己的、復讐、やっかみ、ねたみ、嫌がらせ、でしゃばり、心が狭い、嘘つき

カップ
周りの環境に吸収され、同化する。ほかの人の感情、喜びの支えになる人
平和とハーモニーを愛する。夢、想像、瞑想を大切にする
音楽、芸術、哲学、宗教、神秘学に興味を持つ
小説、創造分野に向いている
- **正位置**　善良と安らぎをもたらす女性。援助。献身。豊かな愛情の持ち主
- **逆位置**　感受性が強くなりすぎると、他人の犠牲になり、情緒不安定になる。怒りっぽく傷付きやすい。優柔不断

ソード

鋭い心と目的を、しっかり持っている女性
人に頼らず生きてゆく人。自由で自立している
意志が強く、心に隙が無い
公平公正、ジャーナリスト、教師、外科医、放送関係に向いている

- **正位置** キャリア。能力のある女性。個性や主義の主張。クール
- **逆位置** ゴシップや悪い噂を流す
不幸な過去を放そうとしない。復讐。反逆。偏見。裏切り

ペンタクル

注意深く保守的で実用性を重んじる
安全第一に考える、我慢強い、良識、援助、家が大切
お金をしっかり管理する女性
ハウスキーパー、経理関係に向いている

- **正位置** お金をしっかり管理する女性。交渉。合理的対応
- **逆位置** 自分に自信がない。内面の不安定。依存心が強い
自分の問題なのに人を責める。責任から逃れようとする
意志が弱く、ためらいから自分の意見を言わない

memo

キング　KING
(王)

　　ワンド　　　カップ　　　ソード　　　ペンタクル

4人の王を比べてみましょう。

ワンド

企画力のある男性。エキサイトを好む。目標を絶えず求めている
ビジネス、政治、スポーツの競い合い、議論、ジョークが好き
勇敢で好感の持てる男性。積極的。野心的
独立、リーダー、マネージャー、先見力を活かせる仕事に向いている

- **正位置**　　野心的で才能ある男性。大いなる成果。頼りになる男性
- **逆位置**　　権利ばかり主張する。金目当ての行動。疑い深く閉鎖的になる
　　　　　　利己的な満足。気性が荒い。シビア。
　　　　　　偏見を持った心の狭い男

カップ

心理、精神に深い理解を持つ。自分に忠実に本音を返す
物静かで知性的。思想や想像を形として表現する。世話好き。同情心のある男性
芸術関係、カウンセリング、医学、イマジネーションを使う仕事に向いている

- **正位置**　　リーダー的タイプの男性。義理人情。愛情深い

- 逆位置 　自分の感情が上手くセーブできないため、皮肉を言ったり、ノイローゼになる。
　　　　　不誠実。口から出まかせ。心の弱さを敵意を表すことで隠しごまかす

ソード
色々な困難を乗り越えたことで鍛えられ、正しい判断が下せる男性
成長し丸みを帯びて来る。誠実な外交
社会的な話題を求める
知的職業、スペシャリスト、ヒューマニズム、哲学に向いている
- 正位置 　リーダーシップを取れる男性。専門知識。ステイタス。技術を極める
- 逆位置 　不公平な判断を下す。偏見と悪意に満ちる
　　　　　復讐のためには手段を選ばない

ペンタクル
辛抱強く一生懸命に働いてきた結果、成功した男性
投資、商取引、不動産売買、ベンチャービジネス、エンジニア
技術者に向いている
- 正位置 　頑固で正直な男性。有能。豊かな人生。倹約家。実直で手堅い良きアドバイス
- 逆位置 　社会的地位によって人を威圧する。エゴイスト。ケチ
　　　　　自分第一主義なので、妻や恋人などの思いを平気で無視する

memo

実践練習

大アルカナの説明が終わった後に、何種類か例題を出して、
実践のお勉強をしました。
今回は、78枚を使って、カードに慣れていきましょう。
また何種類か例題を出しながら進めていきます。

ワンド＝W
カップ＝C
ソード＝S
ペンタクル＝P
リバース（逆位置）＝R　（記号なしは正位置）

スプレッドしたカードの略字を書いておきました。
あなたのカードをスプレッドして、直感を働かせてリーディングしてみましょう。
答えは、それぞれあると思いますが、わたしのリーディングも一つの答えとして参照してくださいね。

タロットのリーディングが上手くなるために必要なことは、２つあります。

① 平常心で素直な気持ちでリーディングすること。
② 実践の回数を増やすこと。

机の上では見えなかった立体感のある物語が見えて来ます。

大アルカナだけで、実践の勉強をした時と同じスプレッド法も、練習用に載せておきましたが、大アルカナだけの時と78枚で占うことの違いや、意味の読み方に深みが出ることが分かれば卒業です。

リーディングする時のコツ

✴ まず質問について、内容をよく理解すること（何を言いたいのか、何を知りたいのか）。

✴ 次に、どの位置にどんなカードが出ているか、全体を見ること。カードの意味はお勉強済みですから、その意味の中から質問に関連する言葉を見つけ、そこにあなたの感じたことをプラスして答えにしてみましょう。

✴ クライアント様が質問している問題は、どの方法が適切なのか選びましょう。

✴ 順序通りでなく、読めるカードから読んでいくと、物語が少しずつつながり、読めなかったカードも理解でき、答えになっていきます。

✴ スプレッドしたカードに、大アルカナ、小アルカナ、ワンド、カップ、ソード、ペンタクル……どのカードが多いのか、リバースは多いのか少ないのか、まずチェックしましょう。

✴ クライアント様の話を良く聞くことで、読めなかったカードにヒントが出て、読みやすくなります。

✴ コツは、カードに慣れることですから、多くの問題を練習すること。

memo

memo

memo

ファイブスプレッド

```
[1] [2] [3] [4] [5]
```

上から6枚捨てる。
1～5まで並べる。

1. 現状
2. 努力すべきこと
3. 乗り越えるべき障害
   （良いカードの時はなしでOK）
4. アドバイス
5. 結論

ヘキサグラムスプレッド

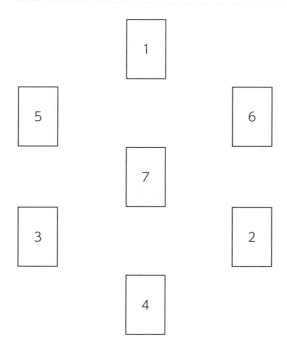

上から6枚捨てる。
1～3まで並べ、6枚捨てる。
4～7まで並べる。

1. 過去・過去からの影響
2. 現在・現状
3. 近い将来
4. 対処策
5. 相手または周囲の状況
6. クライアントの気持ち・願望
7. 結論

✳ 例題 1 ✳
(ファイブスプレッド)

質問

40代男性。
現在勤めている会社を辞めて、友人と新しい会社を作ろうと思っているが、どうすれば上手くいくか。

　皇帝　　　月（R）　　P王子　　S4（R）　　力（R）

あなたの考えを書いてみましょう。

memo

回答例

この男性の質問は「どうなるか？」ではなく、
「会社を作るには、どうすれば上手く行くか？」と答えを求めているので、
リバースの悪いところをアドバイスしてみてはどうでしょうか？

①現状（皇帝）　経営者として独立したいと思っている。

②努力すること（月・R）　考え過ぎない。

③障害（P王子）　まだ始まったばかり。勉強と前向きな気持ちを持つこと。

④アドバイス（S4・R）　今までの疲れをリフレッシュして、やる気を出すこと。

⑤結果（力・R）　もう、気持ちは新しい仕事をやりたいと思っています。
　　　　　　　　それに丁度良いチャンスだと思っているようです。
　　　　　　　　先の不安が無いとは言えませんが、原因が分かれば、解決の方法も分かりますから、あまり考え過ぎない方が良いでしょう。
　　　　　　　　プラス思考で考える努力をしましょう。
　　　　　　　　障害になることは、まだ始まったばかりで、成功まで時間が掛かること。
　　　　　　　　勉強と向上心を常に忘れないことが大切です。
　　　　　　　　まずは、今までの疲れを癒して、心身ともにリフレッシュしましょう。
　　　　　　　　少しのんびりして、これからの案を考えたりすれば、やる気が出て来ます。
　　　　　　　　友人と信頼関係のバランスが崩れないように、仕事の役割分担をハッキリさせて、お互いのコミュニケーションを大切にしましょう。

memo

memo

第2章

✳ 例題2 ✳
(ヘキサグラムスプレッド)

質問

30代男性。
2年間付き合っていた彼女とケンカして別れてしまいました。
今後、どうなりますか？

死神

力（R）

魔術師

審判（R）

女帝

吊られ

月（R）

あなたの考えを書いてみましょう。

回答例

お客様、あなたは新しい気持ちでやり直したいと思っていますか？
彼女の方は、あなたを信用できないし、バランスが取れないので、今は無理と考えているようです。

ケンカをした時は、もう終わったと思っていたでしょうが、今は、止めるにしてもやり直しをするとしても、気持ちが宙ぶらりんで答えが出ないようですね。
ただし、いつまでもこのままの状態が続くのが辛く、あれこれ方法を考えても、良い方法が見つからず、またあとで考えよう……と、そのままにしていませんか？
彼女の怒っている原因をハッキリさせれば、先が見えないで不安だった気持ちの整理ができるはずです。
彼女は、母親のように優しくサッパリしているところがある方のようです。
いつまでも怒っている人ではなく、理解できれば許してくれると思います。

あなたが彼女のことは諦めて、新しい物語を作ろうと思っても、今止めてしまったら、後悔が残る気がして、なかなか諦め切れないようです。

そろそろ連絡をして、一度ゆっくり本音で話してみてはいかがですか？
それでもダメなら、きっぱりと諦めた方が良いでしょう。
今の宙ぶらりんの状態から開放され、気持ちが楽になりますよ。

✵ 例題3 ✵
(ヘキサグラムスプレッド)

質問

30代女性。
友人(男性、アーティスト、年下)のことで相談したい。
知り合って1年になりますが、前はもっと親しくしていたのに、
最近、疎遠になって来ています。
どうしたらいいですか？

正義

P9（R）

運命（R）

節制（R）

W王子

C6

P6（R）

あなたの考えを書いてみましょう。

回答例

どうも、ボタンの掛け違いのようですね。
お客様、焦っていませんか？
自分の気持ちを押し付けようとしていませんか？
彼は、最初の付き合いに満足して、このままで良いと思っていましたが、
あなたが焦って気持ちを分かってもらおうとしていることが、彼から見れば、
勘違いされているのではないかと思っています。

あなたは、以前はお互いが理解し合って、同じ目線で見てくれていたのに、
今は、自分を軽く見て、振り回して当たり前と彼が思っていると想像していませんか？
彼は、あなたを好きだと思っていますが、あなたの気持ちと違うのは、お姉さんのような信頼を持って交際していたようです。
もうすぐ彼は、心を開いて本音を伝えると思います。
あなたを避けているのではなく、新しい仕事や企画で忙しくなっているのだと思います。
お互いの気持ちのズレが、チャンスを逃してしまったのかもしれませんね。

今まで通りの交際をしたいのなら、愛情より友情のつもりで、彼の良き相談相手として、彼の気持ちが姉から恋人になるまで待つか、それができなければ、自分の気持ちを話して、答えをもらいましょう。

memo

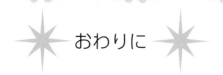
おわりに

明るく楽しく、ワイワイガヤガヤしている教室風景を……。
生徒さんたちと一緒になって、ディスカッションしながら、
『こんな教室の雰囲気で本が書けたらいいな～』
ふと、そんなことを考えるようになりました。
『夢は見るものではなく掴むもの』
これが、わたしのモットーですが、この夢がある日、現実になって現れました。
仙台の生徒さんのご紹介で、出版社の社長さんとお会いできました。
担当者も付いてくださり、話を具体化して行きました。
ブログに、ちょっとこの話を載せたら、
「先生、出来たら買いますから教えてください。予約します！」とのコメントが、
何人からも届きました。まだ、何も書いていないのに……。
「狼おばさん」にならないよう、なんとかまとめることができました。

初めてタロットを教えてくださった、大橋先生をはじめ、大沼先生、澄先生、
スキップ・スワンソン先生、ステラ先生……。
数えきれないほど、多くの方にお世話になって、今日のわたしがいます。
日本易道学校、日本カウンセリング学院、アカデメイヤカレッジ、イシス学院、
また、個人的に櫻井先生から教えていただきました。

出来上がった作品は、学問的な厳密さには程遠いものですが、
違った方向からタロットの楽しさ、不思議さを書いてみました。
少しでも、その点をご理解いただければ幸いです。

なお、今回の資料として大好きな東條真人先生著『タロット大事典』、
マルシア・マシーノ著『タロット教科書』を参照させていただきました。

この本を出したのは、
『タロットは、決して難しいものでも恐いものでもなく、楽しく学べるもの』
それを理解していただきたかったのです。

河合桃寿

著者プロフィール

河合 桃寿（かわい ももこ）

東京生まれの東京育ち、お祭り大好き人間です。年齢不詳。
40代のある日、新宿で声をかけられ、偶然見てもらった占い師の言葉が気になり、負けず嫌いな性格から急に「運命学」に興味を持ち「自分の運勢は自分で納得したい」と考えて、幾つかの学校に通い「命・朴・相」の幅広い占術を勉強しました。

数多くある科目の中で「数理学」「タロット学」に興味を持ち、「数理学」による数字の不思議さ、面白さに夢中になりました。

特に「タロット学」に魅かれ、日本だけでなくフランスのマルセイユやエジプトなどに出かけ、奥の深さにますます魅かれ、帰国後はそれまで勉強した色々のタロットをまとめた「桃寿流実践タロット」で鑑定するようになりました。

帰国後、池袋の占いのお店に11年間出演し、その後10数年前より独立して個人事務所、日本易道学校講師、日本カウンセリング学院講師、「桃寿の実践タロット教室」その他予約鑑定のお仕事をさせて頂き、人生マイペースで楽しんでいます。

ブログ「桃寿の小部屋」 https://blog.goo.ne.jp/uranaimomoko

モモコの楽しいタロット教室
【初級編】

2018年12月25日 初版第1刷発行

著 者
河合桃寿

発 行
今日の話題社
東京都東京都品川区平塚2-1-16 KKビル5F
TEL 03-3782-5231 FAX 03-3785-0882

発行者
高橋秀和

印刷
平文社

製本
難波製本

定価はカバーに表示してあります。
万一、落丁・乱丁などの不良品がありましたら
小社までお送りください。
送料小社負担にてお取り替えいたします。

© Momoko Kawai 2018 Printed in Japan
ISBN978-4-87565-641-8 C0076

Editor Daisuke Matsubara
Designer Kaori Ishii